BUZZ

© 2022, Buzz Editora
© 2022, Rick Chesther

Publisher ANDERSON CAVALCANTE
Editora TAMIRES VON ATZINGEN
Assistente editorial LETÍCIA SARACINI
Preparação LIGIA ALVES
Revisão ALEXANDRA MARIA C. MISURINI, CRISTIANE MARUYAMA
Projeto gráfico ESTÚDIO GRIFO
Assistente de design NATHALIA NAVARRO
Foto de capa DAVI NASCIMENTO

Nesta edição, respeitou-se o novo Acordo Ortográfico da Língua Portuguesa.

Dados Internacionais de Catalogação na Publicação (CIP)
de acordo com o ISBD

C525e

Chesther, Rick
Escolha o seu difícil: as 10 regras básicas para alcançar o extraordinário / Rick Chesther
São Paulo: Buzz Editora, 2022.
160 pp.

ISBN 978-65-5393-152-7

1. Autoajuda 2. Negócio 3. Empreendedorismo I. Título.

2022-3196	CDD 158.1
	CDU 159.947

Elaborado por Odilio Hilario Moreira Junior CRB-8/9949
Índice para catálogo sistemático:
1. Autoajuda 158.1
2. Autoajuda 159.947

Todos os direitos reservados à:
Buzz Editora Ltda.
Av. Paulista, 726, mezanino
CEP 01310-100, São Paulo / SP
[55 11] 4171 2317 | 4171 2318
contato@buzzeditora.com.br
www.buzzeditora.com.br

RICK CHESTHER

ESCOLHA O SEU DIFÍCIL

AS 10 REGRAS BÁSICAS PARA ALCANÇAR
O EXTRAORDINÁRIO

Dedico esta obra a todos aqueles que, assim como eu, insistem em seguir em frente. Que apesar dos pesares estão diariamente no ringue, em uma incansável busca por seu lugar ao sol. Gente de verdade que está em uma condição quase zero de recurso, mas que, por outro lado, tem de sobra fé, garra, disposição e muita vontade. Gente que, assim como eu, já é vencedora, mas que segue em busca de seus próximos troféus, seus próximos níveis, suas próximas conquistas.

Deixei de ser um CPF para ser um grito dessa gente, e, enquanto essa gente assim me vir, seguirei esta missão como legítimo representante de um povo que não aprendeu a fugir à luta.

Gente vinda de um lugar chamado Brasil.

Esta obra é por todos vocês.

PREFÁCIO
11

REGRA 1
NUNCA PENSE EM DESISTIR
17

REGRA 2
NÃO SE ESQUEÇA DA REGRA 1
41

REGRA 3
NÃO VAI SER FÁCIL
53

REGRA 4
NÃO PRECISA SER FÁCIL
67

REGRA 5
SE VOCÊ COMEÇAR UM NEGÓCIO HOJE, PODE DAR TUDO ERRADO
77

REGRA 6
SE VOCÊ NÃO COMEÇAR UM NEGÓCIO HOJE, JÁ DEU TUDO ERRADO
89

REGRA 7
O NEGÓCIO NÃO É SEU, É DO CLIENTE FINAL
99

REGRA 8
APOSTE 90% DAS SUAS FICHAS EM PESSOAS QUE NUNCA TE VIRAM
115

REGRA 9
SEJA UM APAIXONADO PELO PRÓXIMO NÍVEL
127

REGRA 10
SÓ CONSIDERE QUE SUA IDEIA ESTÁ VALIDADA DEPOIS DE TESTÁ-LA POR NO MÍNIMO DOIS ANOS
137

ESCOLHA O SEU DIFÍCIL!
147

AGRADECIMENTOS
159

PREFÁCIO

Eu o vi escolher o mais difícil.

Nunca foi fácil, mas pra que ser fácil, né?

Era você, então não precisava ser fácil, bastava não ser impossível.

Ser próxima a alguém e respeitar essa pessoa o bastante a ponto de não opinar, não julgar e de, mesmo sem quase nunca conseguir, tentar impedi-la de fazer determinadas escolhas.

É, ainda bem que não consegui. Até porque, como hoje te ouço dizer, você é fruto de um pouco de tudo o que viveu.

Acredito que a vida realmente não seja justa com todos, pois é gente de mais, lutando de mais e conseguindo de menos. Mas Deus acaba sempre dando um jeito de erguer aqueles que verdadeiramente têm fé e trabalham duro em busca de seus objctivos.

E olha que seus objetivos sempre foram muito arrojados, né!? Sair da miséria por meio da honestidade, da labuta diária e em meio a tanta gente torcendo contra! É, você merece cada segundo de tudo o que vive hoje.

Às vezes me surpreendo com você, sempre se colocando no lugar dos outros e se propondo a ajudar de alguma forma, assim como já fazia lá atrás, na época em que sequer tinha condições financeiras para isso. O mundo precisa de pessoas assim, que tratam os outros como gostariam de ser tratadas; pessoas que não medem esforços pra ajudar, seja lá quem for e em qual for a circunstância.

Só que, na caminhada do dia a dia, esse tipo de pessoa leva mais tombos do que avança degraus, né!? E, venhamos e convenhamos, eu, por diversas vezes, vi você batendo com a cara na mola do ringue. Mas, antes mesmo que os adversários tentassem dar o golpe final, você se levantava em uma velocidade incrível, sorrindo, sem sequer reclamar, e surpreendia a todos seguindo firme na luta!

Por várias vezes te vi ser usado por gente que você sempre ajudou, te vi sendo feito de trampolim para realizar os sonhos dos outros e depois vi esses outros te abandonarem sem pudor. Te vi rodeado de muitos que você insistia em chamar de amigos, gente que ouvia suas ideias, seus projetos e depois ia embora levando não apenas essas coisas, mas também parte de sua energia.

Só que eu também vi você passar por tudo isso e depois se tornar vitorioso sem nunca ter humilhado quem te humilhou, sem ter agredido quem te agrediu. Você apenas foi lá, desenvolveu novas ideias, novos projetos e subiu novamente ao ringue pra lutar pelo que queria com as forças que lhe restavam. E, até que encontrasse o caminho certo, foram muitos os tombos e muitas as cicatrizes que ficaram desses tombos. Mas se tem uma coisa que você sempre colecionou e tirou de letra foram cicatrizes, né!?

Eu até pensava que isso tudo talvez pudesse ter acontecido há mais tempo, ou sem tantas dores. Hoje entendo que não.

Você precisou, sim, enfrentar cada batalha dessas, precisou enfrentar todos esses percalços, precisou escolher inúmeras vezes o mais difícil. Até porque era mais fácil desistir, jogar a toalha, parar de vez.

Mas creio que a essa aula você faltou, então não aprendeu a desistir.

E, como Deus não dorme, eis-me aqui para aplaudir sua vitória, a vitória do bem, a vitória de quem realmente merece e sabe o que fazer com o lugar que ocupa, a vitória de um exímio lutador, guerreiro e batalhador da vida real.

Sou grata a Deus por um dia ter entrado na Igreja ao seu lado.

Sou grata a Deus por ser a mãe de seu maior propósito.

Sou grata a Deus até pelo nosso divórcio, pois ali fui obrigada a lutar minhas lutas e a escolher os meus difíceis sem sequer ter tempo para pensar em não enfrentá-los.

E sou mais grata ainda a Deus por te ver alcançar tanto, e depois de duas décadas me convidar para que pudéssemos concluir o sonho de ver voar a nossa filha. Criá-la com a garra da mãe e com todos os ensinamentos do pai.

Obrigada por tudo: aprendi, aprendo e seguirei aprendendo contigo.

E aqui, quietinha na minha, torço muito por seu sucesso, seja lá onde for.

Você me ensinou, você ensina aos seus irmãos, aos seus sobrinhos, e a toda a sua família, além de ensinar a milhões de pessoas que a vida consiste em escolher as dificuldades a serem enfrentadas.

Tenho orgulho de acompanhar tudo isso fazendo parte dessa história.

Aqui, em nome de toda a família, posso afirmar que temos um orgulho danado de você, que diariamente nos ensina a escolher o nosso difícil.

Renata de Souza Gomes
A mãe da Negona do Rick

REGRA 1
NUNCA PENSE EM DESISTIR

Desespero, medo, lágrimas.

Um beco sem saída.

Uma armadilha, um lugar sem vida, sem esperança, sem fé. Todos nós já estivemos nesse lugar. Todos nós já fomos vítimas da desesperança e em algum momento da vida, deitamos a cabeça no travesseiro, cansados de tanto lutar, e pensamos em jogar a toalha.

Esquecer de tudo.

Desistir.

No dicionário, a palavra desistir significa abrir mão, renunciar.

E cada um de nós já esteve a ponto de desistir. Naquele ponto que dói, em que sentimos a carne doer, o sangue ferver, a força quase acabar. Naquele instante em que não vemos horizonte, em que sentimos que já lutamos com todas as forças, quando pensamos que já fizemos tudo que podíamos, quando entramos em desespero por estarmos convictos de que já zeramos todas as possibilidades, quando já usamos todas as nossas armas.

Naquela noite escura em que parece que o Sol não vai nascer na manhã seguinte. E aí, surge a palavra que invade nosso pensamento e nossa alma: desistir.

Eu não consigo te dizer simplesmente "não pense em desistir", como se você fosse ler essas palavras e desistir de desistir. Sei que não é tão simples assim, sei que muitas vezes a real é: dá sim vontade de chutar o balde, de jogar tudo para o alto, de parar de uma vez por todas.

Seria imaturidade minha ou até certa arrogância, porque não conheço sua dor, sua trajetória, seus medos, seus traumas, seus fantasmas. Eu não conheço seu fardo.

Não sei quantas noites você passou em claro, quantas manhãs e dias intermináveis já viveu, quantas vezes gritou por socorro e ninguém ouviu, quantas vezes clamou por ajuda e ninguém lhe estendeu a mão, quantas foram as suas decepções para chegar nesse ponto que te faz pensar em desistir.

Mas, se eu puder te falar algumas palavras, se você me der a honra de ser ouvido – lido –, neste instante, preste bem atenção. Eu já tive momentos em que a vida me derrubou, me desarmou. Momentos em que, assim como você, eu também pensei que já não me restavam forças.

UMA OPÇÃO QUE NÃO EXISTE

No seu caso talvez tudo isso tenha vindo apenas agora, quando você resolveu enveredar de vez pelo mundo dos negócios, das relações conjugais etc. No meu caso, de alguma maneira isso aconteceu desde cedo, e as batalhas me foram apresentadas ainda no meu tempo de criança, o que me fez perceber que eu nunca tive – nem teria – a opção de desistir.

Imagine que a vida é o teclado de um notebook, ou quem sabe a tela do seu smartphone: se no seu teclado ou tela há a tecla "desistir", é porque você tem a opção, e, se tem opção, de alguma maneira você se torna privilegiado.

No meu teclado, essa tecla nunca existiu. Desistir nunca foi uma opção, ou seja, eu nunca pude escolher entre desistir e não desistir.

Por isso, escute atentamente, porque nunca me disseram isso de maneira direta, olhando nos meus olhos: "A ideia é não desistir, a ideia é ir de qualquer maneira".

Ninguém me falou isso, mas, por incrível que pareça, nascer na realidade em que eu nasci, em meio à escassez, ao caos e à miséria, em meio ao preconceito, com poucas possibilidades e poucos recursos: tudo isso me fez enxergar que, no menor tempo possível, eu precisava subir no ringue e lutar a luta que precisava ser lutada.

Eu não podia aceitar aquela condição como se fosse uma sentença, uma condenação perpétua: eu precisava fazer algo para, no mínimo, tentar mudar aquela realidade.

E talvez seja isso que você está precisando fazer agora: lutar a luta que precisa ser lutada, seja ela qual for. E eu sei que você já subiu no ringue tantas vezes que talvez esteja cansado, desmotivado, a um passo de dizer "chega". Mas pode ter certeza de que, se em vez de desistir você simplesmente pausar, relaxar, tentar respirar fundo, contar até dez e acreditar, vai reunir forças para seguir adiante.

Costumo dizer que, na vida, é como se existisse um beco sem saída, beco esse no qual muitos nascem e crescem sem sequer saber. Costumo dizer ainda que nesse beco existe o ringue e que ninguém será privilegiado a ponto de não ter que subir nele e lutar suas lutas.

E é por não saber que esse beco existe que você acaba correndo sem parar, correndo de tudo: de começar, de uma possibilidade, de levantar cedo, das responsabilidades, de suas batalhas.

Corre, corre e corre. Até que as opções de fuga acabam diminuindo e, por fim, você cai nesse beco sem saída de onde não dá mais para correr de nada e muito menos dá pra voltar atrás. Onde, de repente, você olha para a frente e se depara com o ringue, o ringue das lutas da sua vida, aquelas lutas de que você tentou correr, se esconder, fugir a vida toda.

E aí, não vai lhe restar outra opção a não ser subir no ringue e lutar. Nada daquilo de que você fugiu a vida toda vai passar se não for enfrentado nesse ringue.

A única coisa que vai lhe restar será enfrentar.

Costumo dizer que já nasci nesse beco e dei de cara com o ringue sem ter para onde correr.

Quando você nasce ou chega nesse beco, você só tem o ringue e a luta, parceiro.

Ou você luta ou toma uma surra.

Você é o seu maior adversário

Mas, acredite, nesse ringue os adversários externos são o seu menor problema. Por mais fortes que pareçam, você vai dar um jeito e vai encarar. O pior é quando quem está dando a surra é você mesmo. Afinal, perder para outro é ok, mérito dele. Mas perder para você mesmo é o grande calcanhar de Aquiles de muita gente.

Quando a vida te coloca nessa situação, no beco onde só tem o ringue, você entende que desistir não resolve, porque você passa um tempão correndo, tentando parar, tentando burlar.

Só que não tem como fazer isso.

Muitos tiveram – ou ainda têm – a possibilidade de desistir, de parar e não fazer, mas eu nunca tive. Nasci nesse beco sem saída e só me apresentaram a luta.

Tudo bem, você deve estar pensando: "E daí? Problema dele". O que eu quero que você entenda é que, quando a sua mente compreende que a desistência não é opcional, acaba entendendo também que precisa dar conta do recado.

Quando isso acontece, a mente busca soluções em vez de dar desculpas e encontra meios de sair de onde está sem ter que desistir.

E não me ensinaram a lutar. Só me apresentaram a luta. Foi como se a vida de repente virasse pra mim e dissesse: "Olha, isso é a luta, isso é o ringue. Agora suba lá e lute. E boa sorte, tá? Porque você vai precisar".

Foi assim que eu nasci. Foi assim que eu fui aprendendo desde muito cedo. Mas subi no ringue e tomei logo um soco que me acertou em cheio. Fui colocar a mão no lugar em que deram o soco e tomei outro de esquerda, bem dado, daqueles que fazem a gente tremer até as pernas.

Quando vi que a vida estava batendo forte, comecei a me defender das porradas. E com o tempo descobri que tinha como me defender. Mas logo depois descobri também que apenas me defender não bastava. E comecei, eu também, a dar minhas porradas.

NÃO BASTA SE DEFENDER

Num primeiro momento, eu só apanhei, mas depois aprendi a me defender, e acabei aprendendo a bater também. E aí sim as coisas começaram a acontecer.

Mas minha luta não machucava ninguém. Era uma luta contra a miséria, contra a escassez, contra o tráfico. Era uma luta contra aceitar aquela condição, contra a ideia de aquilo ser uma sentença perpétua. A minha luta era contra tudo isso e muito mais.

Eu tinha que pensar rápido para não me perder e nem perder para outras coisas.

Não importa onde eu tenha morado, não importa em qual cidade, eu vivi nos lugares mais periféricos. Morar no pior lugar e muitas vezes no pior do pior lugar te conduz para um nível muito alto de vulnerabilidade em todos os sentidos. Consequentemente, você passa a ser a presa perfeita.

O caos vai tomando conta de ti, e parece que você já não tem para onde fugir.

Como ninguém me falou sobre desistir nem me contou como fazia para desistir, acabei não sabendo da existência disso, e assim persisti em minhas lutas. E não pense que ganhei todas as batalhas. Perdi muitas, mas ainda assim eu seguia lutando com todas as minhas forças.

Até que consegui um dia levantar um troféu que para muita gente nem era considerado resultado, mas que fazia muito sentido para mim.

Eu percebi que, se plantasse uma horta, conseguiria colher.

⋀ LEI DA SEMEADURA

Você já deve ter me ouvido contar essa história da lei da semeadura. Se não ouviu, vou repetir: quem planta inevitavelmente vai colher. Mas não se esqueça de que, depois de plantar, você precisa cultivar o que plantou, caso contrário sua horta vai se transformar em um matagal, e matagal não dá fruto.

Desde criança, aprendi isso na marra, na tora, no solavanco. Eu queria comer carne. Só isso. Eu era criança, só que já prestava atenção nos adultos falando sobre ter um planejamento, um propósito, e ninguém me contava o que era aquilo. Sem perceber, a parada de não desistir da ideia de comer carne foi ficando tão latente em mim que naturalmente foi se transformando em propósito.

A iniciativa de plantar uma horta com meus irmãos me fez entender que eu podia chegar lá, pois, sem perceber, ali já começava minha primeira ação de protagonismo, de fazer acontecer, de não ser um mero coadjuvante. Eu ainda não tinha pegado a visão de que, ao chamar meus irmãos para fazer isso comigo, já estava formando minha primeira equipe.

Eu não sabia que dar a cada um deles uma atribuição, e cobrar que aquilo fosse executado, já fazia aflorar em mim o instinto e a atitude de liderança.

Eu ainda não percebia, mas esperar com paciência depois de plantar até que chegasse o momento de colher me fez desenvolver o controle emocional. Eu também não percebia que ir para rua para oferecer um produto a alguém estava me colocando no ringue de luta da maior das profissões, aquela que, independentemente do quanto o mundo evolua, vai se perpetuar: a profissão de vendedor. Era muita coisa inserida na ideia simples de plantar uma pequena horta de alface, couve e almeirão.

Fui percebendo e tentando fazer alguma coisa diferente. E, quando dei por mim, já tinha um propósito e um planejamento para alcançar o que eu queria. Mas, sempre que me recordo desse período, gosto de lembrar que eu era uma criança, e que criança

E talvez seja isso que você
está precisando fazer
agora: lutar a luta que
precisa ser lutada,
seja ela qual for.

tem que brincar em vez de trabalhar. Criança tem que ser criança, e na maior parte do tempo eu não tive esse privilégio; a desigualdade me levou a abrir mão disso para ajudar em casa.

Minha geração brincando e eu plantando alface e almeirão pra comprar carne.

Era pesado.

Só que de alguma forma eu não tinha opção. Era aquilo ou a fome, e eu vou te falar uma coisa, parceiro: a fome, quando bate, não pergunta se você é adulto ou criança, simplesmente chega e diz "Resolve aí e seja rápido. Se vira nos trinta." Eu tive que me virar, e a maneira que encontrei foi plantando aquela primeira horta. Doeu não ter infância? Sim, doeu muito! Mas me custaria a vida não plantar, então eu plantei.

Eu não podia desistir.

A IMPORTÂNCIA DO CONTROLE EMOCIONAL

Naquela época, uma coisa que me ajudou muito foi o tal do controle emocional. Eu não sabia que era esse o nome, até porque ninguém nunca tinha me falado sobre o controle emocional que eu tinha que ter para poder esperar o tempo da colheita. Pra não ser imediatista.

A falta de controle emocional leva a galera a desistir. Sabe por quê? Sem controle, você desiste.

Você começa a acreditar que a terra não é fértil, não vê que ela está fazendo seu trabalho. Não vê nada do que está acontecendo longe dos seus olhos. Já aconteceu isso com você, plantar uma coisa e acreditar que não vai dar certo porque não sabe o que rola do lado de lá? O que pesa é a falta de controle emocional.

E o controle emocional me fez ser paciente com o processo de esperar a horta nascer. Sem desistir e abandonar a lavoura.

Não existia a tecla "pause" no meu teclado. Só a tecla "seguir".

Quem desiste porque algo é complicado não consegue chegar a nenhum lugar. Não inspira ninguém.

O TEMPO DE REAÇÃO

Não temos como blindar o psicológico, mas temos como desenvolver o controle emocional. Tem horas em que você desaba, e isso faz parte da vida. O segredo não está em não desabar, mas sim no tempo de reação entre desabar, levantar, sacudir a poeira, dar a volta por cima, juntar os cacos e voltar para a arena, para o ringue – seguir em frente.

A gente desaba. Desaba, sim.

No início de 2017, eu literalmente desabei quando recebi uma mensagem no celular. Só que o tempo de reação entre ler a mensagem, digerir e entender que desistir não era uma opção, depois levantar, sacudir a poeira, enxugar as lágrimas, juntar meus cacos e seguir em frente foi de duas horas, no máximo.

Naquela situação, o tempo de reação foi crucial. Foi determinante eu entender que ainda existia vida em mim. Fiz daquilo uma aula, estudei todo o contexto e entendi uma lição que vou levar por toda a minha vida: não é o que acontece com a gente, mas sim o que a gente faz com o que acontece, a maneira como nos comportamos perante o que acontece.

Aquela simples mensagem de texto desenvolveu em mim a arte de extrair algo bom de qualquer coisa ruim que pudesse ocorrer.

E então eu segui.

Costumo chamar isso de a arte de fazer do limão uma limonada. Se é limão o que a vida tem pra mim, então me deixe usá-lo da melhor maneira possível: fazendo limonada!

Existe um intervalo entre o caos e a reação; entre o caos e a realidade de perceber que não adianta ficar no chão clamando e chorando. Caso contrário, nós desistimos.

Não é que eu tenha a mente blindada. É que o meu tempo de reação entre tomar a porrada, sentir o baque, levantar e voltar para o ringue é o mínimo possível. A nossa força não vem de ter a mente blindada. A nossa força vem do tempo de reação a partir da porrada, a partir do baque. Todo mundo sente. Não tem como não sentir. Somos seres humanos, não somos robôs, nem máquinas.

Não dá para não sentir o baque num mundão cruel como o nosso. Não tem como. A verdade é que todo mundo sente. Mas algumas pessoas ou não contam que sentem ou já desenvolveram técnicas para sentir e ainda assim não desistir.

E te deixo aqui uma pergunta: você já parou para estudar qual é o tempo que leva para reagir? Sabia que isso pode mudar todo o cenário a seu favor – ou contra, caso você não domine o fator tempo de reação ao baque?

Dominando o tempo de reação, você passa a ter certeza de que levantar é melhor e de que, quanto mais rápido faz isso, mais depressa você retoma a caminhada. Não por ser forte, mas por descobrir que aquela história de que depois da tempestade vem a bonança nem sempre bate com a realidade. A verdade é que, na maioria das vezes, depois de uma tempestade o que vem é outra tempestade.

De um segundo para outro, tudo pode mudar e você tem que estar pronto para lidar com a adversidade.

Tem que estar pronto para ver o que você vai fazer com o que a vida fez com você. Essa sempre será a pergunta-chave para quem quer continuar.

Quem nasceu na realidade em que eu nasci, depois de muito apanhar, aprende na tora a seguinte lição: o que não me mata me fortalece.

Se o coração tá batendo e o pulso tá pulsando, a gente segue.

Com a certeza de que, seguindo, a bonança pode até vir, mas nem sempre ela virá logo após a tempestade.

E quem aprende a enfrentar a outra tempestade é quem treinou caminhar durante a tempestade que está passando agora. Não adianta achar que "Na minha vida não vai ter tempestade."

A VIDA PERFEITA DAS OUTRAS PESSOAS

Só não entre no oba-oba do "vai dar tudo certo". Isso é balela.

Nas redes sociais, caso não esteja acompanhando as pessoas certas, caso não esteja voando entre os "águias", você acaba acreditando que ninguém tem problemas, e isso vai gerando uma mentalidade de que a vida dessas pessoas é perfeita.

O problema não é nem a galera vender essa falsa visão. O problema é você ir no embalo e acreditar nessa historinha, acreditar na vida perfeita, na fantasia do comercial de margarina. A real é que, infelizmente, o povo segue qualquer um e acredita em qualquer coisa.

Não se iluda; não acredite nessa ideia de que, do dia para a noite, você vai pular da desgraça para o extraordinário.

Por falar nisso, saiba que nem todo mundo vai alcançar o extraordinário, e o motivo é bem simples: o nível de entrega para alcançar o extraordinário é absurdo. Não é para qualquer um.

Eu acredito que todos têm condições de alcançar uma vida melhor. Mas não são todas as pessoas que fazem o que precisam fazer. Na verdade, a maioria não faz nem o básico. O nível de entrega de pessoa para pessoa é muito diferente, chega a ser discrepante.

E, com isso, muita gente acaba optando por desistir. E, se desistir é uma opção, é porque você não tentou o suficiente. Às vezes, você desistiu por causa do último *não* que recebeu, sem saber que na sua próxima tentativa conseguiria o tão esperado *sim*.

Você precisa sonhar grande e precisa fazer isso sem medo.

Até porque sonhar grande e sonhar pequeno dá o mesmo trabalho. Mas existe um grande risco: sonhar pequeno, conseguir alcançar esse sonho, achar que está bom e parar por ali. Então, por que não sonhar grande?

AUMENTE AS SUAS METAS

Para sonhar grande, você precisa tomar a decisão e desistir de sonhar pequeno. Começar um trabalho, por exemplo, para fazer um esforço raso e tendo em mente apenas querer levantar uma grana para dar um rolê ou coisa do tipo, não adianta nada. Você precisa subir no ringue do trabalho com os dois pés na porta e não de meia-sola.

No mundo dos negócios, das vendas, você precisa estipular uma meta e ralar muito até que ela seja alcançada – você não pode em nenhuma hipótese desistir de bater a meta.

Assim que a meta tiver sido batida, você vai precisar subir a régua, aumentar essa meta. Não tem que esperar que alguém faça isso: é você mesmo quem tem que se sentir na obrigação de subir a régua!

Desistir não está apenas no ato de jogar a toalha, está também no comodismo. Se não for subindo sua régua, se não aumentar sua meta, você vai se acostumando com o "tá ruim, mas tá bom", e isso é uma ameaça de declínio para o seu negócio.

Se em janeiro a meta da confeiteira for vender vinte bolos e em março ela ter alcançado isso, no mês seguinte a meta tem de ser de trinta bolos.

Não atualizar essa projeção faz a confeiteira se acostumar a vender vinte bolos, e isso pode ser o fim da linha. Ir se acostumando também é uma maneira de desistir. Muitos não sabem disso, e aí a coisa vai desandando.

Eu, por exemplo, entrei na areia de Copacabana vendendo duas garrafas de água no primeiro dia e saí de lá vendendo dezoito malas de água. Se não acreditasse que dava para vender mais de duas garrafas, eu teria desistido; se me acomodasse com vender apenas duas, eu também teria desistido.

Então, fui subindo a meta e vendi três, quatro, cinco... até chegar a dezoito malas.

Quando digo mala de água estou me referindo a um amarrado com doze garrafas. Na maior parte do Brasil, isso é conhecido como "fardo", e essa palavra tem um significado importante: fardo é aquilo que se carrega nas costas, e é considerado uma coisa difícil. Dizem que cada um tem o seu para carregar, e pode apostar que isso é muito verdade.

No meu caso, o fardo que eu carregava me mantinha de pé. E isso foi fazendo com que, nas areias de Copacabana, as coisas começassem a mudar e eu despontasse rumo ao ser humano que me tornei, este que hoje vos fala. Isso se deu quando comecei a compartilhar o que eu fazia de diferente para dar conta do meu fardo e deixá-lo menor.

FAÇA, SE ENTREGUE E APRENDA

Era o mesmo cenário para todo mundo; as condições iniciais nas areias da praia eram iguais para todos. Era um único sol para todos, eram os mesmos possíveis clientes para todos disputarem, eram mais ou menos dez horas de possibilidades, de tentativas para todos; o produto era água, a mesma água para todos...

Mas uma coisa era diferente em mim: meu nível de preparo, minha mentalidade, minha resiliência, minha fé, meu brilho no olhar. Ali, eu me destacava bastante, e isso fazia de mim alguém diferente. Muitos não conseguiam ter tudo isso porque, de maneira involuntária, foram se acostumando, ou seja, foram desistindo de crescer.

Logo, novamente afirmo: ir se acostumando também é uma maneira de desistir. E você deve se policiar muito nesse sentido.

Essa ideia de não me acostumar foi me fazendo crescer um pouquinho todos os dias, e eu fui entendendo todos os ensinamentos que aquelas areias me proporcionavam.

O primeiro desses aprendizados foi entender qual era a minha taxa de conversão. Eu não podia desistir de tentar descobrir.

E eu consegui. Quando aprendi o que era e comecei a comentar com os demais, descobri que ninguém tinha a menor noção do que era essa tal taxa de conversão. Então, comecei a ensinar pra eles. Por falar nisso, vou conversar com você sobre essa taxa. Assim, caso você também não conheça, já aproveita e pega logo essa visão.

Basicamente, taxa de conversão é: quantas vezes eu preciso oferecer meu produto ou serviço e quantos "nãos" eu preciso suportar até que venha um *sim*.

No meu caso, era quantas garrafas de água eu tinha que oferecer até conseguir vender uma e saber quantos "nãos" tomei até essa venda acontecer.

Aí, comecei a contar e descobri que, a cada 30 tentativas, eu vendia uma garrafa d'água. Logo, era só fazer as contas, tendo em mente minha meta diária, que era de vender 120 garrafas.

Número de vezes que ofereço: 30
Número de nãos que tomo: 29 a cada 30
Número de vendas: 1 a cada 30
Minha meta diária: 120 vendas

Bora fazer as contas?

1. Multiplicar minha meta pelo número de vezes que ofereço meu produto:

$$120 \times 30 = 3.600$$

2. Multiplicar minha meta também pelo número de "nãos" que tomo até conseguir vender um produto:

$$120 \times 29 = 3.480$$

Feito isso, estava desvendada minha taxa de conversão: eu preciso sair de casa todos os dias disposto a oferecer água para 3.600 pessoas, disposto também a ouvir 3.480 "nãos" até que eu conseguisse vender 120 águas, e por fim batesse a minha meta diária.

O que eu mais queria com essa taxa era descobrir quantos "nãos" eu precisaria ouvir. Pra mim, essa sempre foi a parte mais interessante do mundo das vendas: saber quantos "nãos" eu suportava ouvir, saber quanto controle emocional eu tinha para lidar com esses "nãos", saber digerir todos eles e seguir consciente de que, a cada *não* que eu ouço e sigo em frente, me aproximo ainda mais do meu *sim*.

Trabalhar com vendas não tem a ver com o quanto você aguenta bater, mas sim com o quanto você suporta apanhar. E a taxa de conversão me fez entender o quanto eu teria que suportar apanhar.

32

O segredo não está em não desabar, mas sim no tempo de reação entre desabar, levantar, sacudir a poeira, dar a volta por cima, juntar os cacos e voltar para a arena, para o ringue – seguir em frente.

QUANTOS "NÃOS" VOCÊ CONSEGUE OUVIR?

Chegar na areia todos os dias disposto a ouvir 3.480 mil "nãos" sem surtar, sem jogar a toalha, sem pensar em desistir: isso é forte pra caramba. Mas é real. É isso que forja a não desistência. Ouvir "nãos" e continuar. Ouvir "nãos" e não desistir.

É muito não na nossa vida.

Ninguém compra na sua mão, e você começa a achar que o problema é com você. Você acha que é pessoal. As coisas não fluem, e você acaba acreditando que elas não fluem só com você.

O seu *não* é o *sim* de alguém, e o seu *sim* é o *não* de outro alguém.

Você não tem que se desesperar quando ouve um *não*. Porque a mágica vai acontecer.

Antes de eu ensinar aos outros sobre a taxa de conversão, ninguém entendia por que eu sabia ouvir "nãos": porque eu sabia que o *sim* ia vir.

Era sorrir e agradecer até ver quantos "nãos" a gente suporta. E isso é não desistir.

Nessas de não desistir do meu fardo, ganhei muitas cicatrizes, e uma delas foi ter que lidar com uma veia estourada nas costas em decorrência do peso da caixa de isopor. Era superar ou desistir, mas lembre-se de que eu não podia desistir. Então, optei pela cicatriz. Hoje, considero essa cicatriz um troféu de batalha, porque ela mostra que eu segui em frente.

A maioria das pessoas pensa em desistir e só pede pra Deus diminuir o fardo.

E Deus deve pensar assim: "Seu negócio é só me pedir. Eu vejo uma caixa pequenininha de gratidão e outra cheia de pedidos. Não estou entendendo isso. Deixo vocês por 24 horas e ninguém me agradece ou sempre me agradece menos do que me pede".

Deus vê tudo o tempo todo.

Eu sempre tentava caminhar na contramão da falta de gratidão. Então, amanhecia agradecendo por ter saúde para ir à luta e agradecendo por ter um fardo a ser carregado. Meus amigos na areia me perguntavam qual era a minha estratégia com relação ao fardo, e eu respondia:

"É simples: enquanto vocês pedem a Deus para aliviar o peso do fardo, eu agradeço a Deus por ter o fardo e peço apenas que ele dobre a força dos meus ombros."

De alguma maneira, eu sempre agradecia, sempre era grato. Seja grato, porque tudo que alguém queria ter neste exato momento é a vida que você chama de péssima. É a vida que você quer abandonar.

Se você acorda às dez da manhã e alguém já passou o seu café; se tem internet, se tem celular. Se alguém lava sua roupa, se alguém paga a água do seu banho. Tem alguém fazendo alguma coisa pra aliviar sua carga? Pra aliviar o seu fardo?

Porque, se alguém alivia a sua carga, você não luta a luta que tem que ser lutada por você.

E aí, aos poucos você vai abandonando a ideia de guerreiro e vai esquecendo a ideia de ringue. Consequentemente, vai desistindo de si mesmo.

Sem você perceber que alguém está girando a engrenagem por você, se tem alguém te levando no colo, por mais que você não perceba, esse alguém está arrancando de ti o seu instinto de guerreiro.

Sem esse instinto você não luta, e sem luta você desiste.

Não sou privilegiado nem especial. Só não tive a opção "desistir" no meu teclado. Não me apresentaram essa parada. Eu fazia acontecer por necessidade. Lá atrás, para comer carne, eu fazia acontecer. Depois, eu queria comprar um tênis melhor e não podia desistir.

Eu vestia roupa usada e queria comprar roupas novas para mim. Tinha que lutar com empenho ou não conseguiria. Eu era o cara que encapava caderno com saco de pão. Não podia desistir de comprar uma mochila digna.

Não queria passar por aquilo, mas desistir não resolvia.

A real é que o mundo não está nem aí para a sua dor, para o seu fardo e muito menos para a sua falta de empenho. O mundo não quer nem saber se tá doendo.

O mundo quer mais é que você se exploda. E ainda assim você tem que seguir.

PROPÓSITO + PLANEJAMENTO

Eu tive que aprender com a dor, com o medo, com a fraqueza, com os machucados.

Tive que aprender a passar por tudo isso, a lidar com tudo isso e ainda assim seguir adiante.

Não culpo quem pensa em desistir. Chega um ponto em que a mente fica, sim, pesada, mas é necessário voltar rapidamente pra arena. Enxugar as lágrimas e subir de novo no ringue. É aquela parada que eu falei lá no início, o tempo de reação.

E até hoje tenho dor. Muitas vezes eu não tive apoio, não tive muitos recursos.

Na infância, riam de como eu vestia e me comportava. Riam de como eu escrevia. Riam. Eu era chacota.

Ia desistir?

Sempre tive a convicção de que um dia eu seria alguém respeitado. Mas não podia esperar melhorar a situação, melhorar a crise.

Não podia desistir de construir um mundo melhor a partir das minhas próprias ações, a partir da minha pessoa. Eu não podia desistir.

Nascer num beco sem saída, acuado, é cruel pro ser humano, mas me fez entender que desistir não resolve.

Qualquer pequeno passo dado me tirava de onde eu estava e me levava para outro lugar, e quer saber de uma coisa? A soma dos pequenos passos ia me conduzindo a lugares inimagináveis.

Nem por surto eu esperaria chegar aonde cheguei, mas a vida me conduziu para cá. Fruto do fator "não desistir".

É por isso que eu posso afirmar que *desistir não resolve*.

Pegou a visão?

Quando falo em não desistir, não estou dizendo para você insistir em um projeto que sabe que não vai dar certo. Você tem, sim, todo o direito de deixar de fazer uma coisa e passar a fazer outra.

O que eu sei é que a vontade que eu sentia de comer carne quando criança passou a ser um propósito. Para comer carne eu teria que trabalhar. Porque a única maneira que eu tinha de chegar ao dinheiro era trabalhando. Então, eu sabia de três coisas importantes nesse processo; eu já tinha um propósito, sabia aonde queria chegar: eu queria comer carne. Eu já sabia que, para comer carne, eu tinha que trabalhar; e sabia que se eu trabalhasse eu chegaria no dinheiro.

Então, eu tinha o propósito e o planejamento.

O planejamento era: eu trabalho, chego no dinheiro e como carne.

Quando resolvi plantar a horta, o resultado deu certo depois de um tempo, mas vamos supor que não tivesse dado certo. Eu não tinha que insistir na ideia da horta caso a terra ali não fosse fértil. Ou se o ambiente não me oferecesse condições de plantar uma horta. Não dava para ser daquele formato. Do propósito, eu nunca posso desistir, mas posso alterar o planejamento. Eu poderia vender sacolé em vez de verdura.

Se não desse certo, eu poderia lavar carro. Se não desse certo, eu poderia vender açaí. E, se continuasse não dando certo, eu tentaria quantas vezes fosse necessário; a única coisa que eu não faria seria perder o comprometimento com meu propósito: comer carne.

Você pode mudar o planejamento, por exemplo, deixar o açaí e trabalhar num lava-jato.

Pode passar a ter um lava-jato e tá tudo certo. Pode achar que aquilo não vai girar sua engrenagem, então parar de mexer com lava-jato e abrir uma padaria.

O plano é o propósito.

O planejamento você pode alterar, se não vai acabar insistindo em coisas que não dão certo com base na ideia de que não pode parar. Pode desistir de negócios que não estão dando certo para chegar aonde quer e conseguir atingir seu propósito.

Desistir do que não dá certo é entender que não devemos dar murro em ponta de faca.

Mas seguir buscando novos planejamentos, novas formas, desenvolver novos métodos, pensar em novas técnicas, novas estratégias até que se alcance seu plano, seu propósito, é entender que desistir de si mesmo não resolve.

Acreditar em você e ir melhorando a cada nova tentativa é escolher dar certo. Seguir firme até atingir o alvo desejado é pagar o preço para que isso aconteça.

Não desistir é isso: é ter clareza do que se quer; é planejar para alcançar o que se quer e, por fim, é ser resiliente o bastante independentemente das adversidades do processo. É perseguir até alcançar o que se quer.

Seja grato, porque tudo que alguém queria ter neste exato momento é a vida que você chama de péssima. É a vida que você quer abandonar.

REGRA 2
NÃO SE ESQUEÇA DA REGRA 1

Na selva em que fui criado, o buraco é mais embaixo, parceiro, e lá não me ensinaram sobre regras. Tudo é feito no solavanco, na tora, na marra. Por isso, me senti na obrigação de criar as minhas regras.

Eu precisava ter algum tipo de cartilha a ser seguida, um lugar onde, de vez em quando, eu pudesse ver se estava conseguindo avançar da maneira correta. Foram essas regras que me ajudaram a enfrentar este mundo cão, que nem sempre é do jeito que gostaríamos que fosse.

Tem dias em que dá raiva de tudo, e a vontade de desistir persiste. Assola a gente de um jeito que o coração acelera e o desespero toma conta de tudo.

Se neste momento, quando estiver lendo esta página deste livro, você estiver cansado de lutar, sem saber ao certo para onde ir e o que fazer, eu reforço: não se esqueça da regra 1.

Por que estou dizendo isso?

Porque nós caímos e levantamos na vida diversas vezes, e eu sou prova viva disso. Demorei quatro décadas para colher algum resultado e não sucumbir. Eu podia literalmente ter nadado e morrido na praia – mais especificamente na praia de Copacabana, onde vendia água.

Todos os dias, eu conheço nas minhas redes sociais pessoas desesperadas, que não sabem o que fazer e para onde ir. Que estão ali em busca de uma direção, com medo, aflitas e que, curiosamente, não percebem que nesse estado não vão conseguir sair do lugar. A cabeça fria faz a gente pensar melhor, com mais rapidez, facilidade e entendimento – nos faz conseguir perceber soluções que nem sempre estão escancaradas na nossa frente, mas que na maioria das vezes se mostram.

Só que nós ficamos ruminando o problema o tempo todo. A conta para pagar, o ex-marido ou a ex-esposa, o chefe, a dívida... O que nos limita é o que ocupa a nossa mente. Mente essa que deveria estar livre para pensar em soluções criativas para os problemas, em vez de se ocupar tanto com pensamentos que detonam nossa capacidade de agir e de encontrar soluções.

Não desistir significa seguir, ainda que as coisas ao redor estejam ruindo. Porque é só dessa forma que as oportunidades vão se apresentando. Se eu desisto, os problemas se acumulam em vez de irem se solucionando pouco a pouco.

Um passo por dia pode fazer a diferença. E desistir é renunciar a poder encontrar a solução a dois passos de onde você está.

Quando falo nas minhas palestras que não podemos esquecer a regra 1, é porque eu sei o quanto é fácil se jogar na cama e pensar na desistência. Já vi pessoas fazendo isso, seja buscando caminhos mais fáceis, seja renunciando à própria felicidade, acreditando que seria impossível chegar aonde pretendem chegar.

A luta é constante e exige que tenhamos muito calor no coração para levantar e seguir adiante. E, quando sabemos o porquê de nos levantarmos da cama, tudo fica ainda mais fácil.

Eu sempre digo que a desistência pode decretar nosso fim. E eu acho que você poderia agora, neste exato minuto, perceber se não está pensando em desistir, não por falta de coragem, mas só porque está cansado.

Se esse for o caso, descanse, mas não desista. Recupere suas forças, mas não desista. Recue um passo e se dê o direito de chorar, de cair no ringue, mas não de desistir. Existe dentro de você um guerreiro ou uma guerreira que está sedento pela vitória.

Cansado, porém sedento. A sede de vitória é o que nos move. Essa é a sede que eu vejo nos milhares de empreendedores que conheço diariamente quando saio pelo Brasil fazendo palestras. Sede de vencer, de realizar sonhos. De ser grande.

Essa sede a gente não consegue matar com a água que eu vendia na praia. É uma sede que nasce com a gente.

APROVEITE O QUE A REVOLTA TEM DE BOM

Eu sei, às vezes bate uma revolta. E a revolta é uma das emoções mais básicas do ser humano. Você se revolta porque acha que as coisas só não acontecem para você. E uma reação fisiológica do seu corpo acontece em resposta a essa situação, que nosso cérebro interpreta como uma ameaça à nossa sobrevivência.

Só que podemos usar a revolta a nosso favor. Podemos conseguir elaborar racionalmente a revolta se analisarmos como ela pode nos ajudar a agir.

Quando bem aproveitada, a revolta pode ser um estímulo. É como um tijolo, que constrói coisas em nossa vida.

Usar a revolta para agir em direção a algo é entender que ela pode ser um reforço positivo para que você alcance o que deseja.

No cérebro, esse tipo de revolta aciona um neurotransmissor chamado dopamina. Ele nos leva a agir diante das contrariedades e a não desabar quando enfrentamos adversidades. É por isso que a revolta pode ser positiva para você não desistir. Sem ela, você fica encurvado diante dos problemas.

Você pega a revolta que sente – seja por causa do seu chefe, de outra pessoa, do sistema, seja por causa de quem for – e usa a seu favor. Não fica ruminando: age para que algo de positivo aconteça.

E agir só depende de você. A ação não depende do outro. Depende das suas escolhas, do seu posicionamento diante das circunstâncias que estão fazendo você pensar em desistir.

Já percebeu que, quando alguém duvida de nós, nós nos levantamos e agimos? Ficamos revoltados e tiramos os nossos projetos da gaveta. Rapidamente, começamos a colocá-los em prática para provar que a pessoa está errada.

Para não desistir é preciso agir. E, para agir, às vezes é necessário usar a seu favor as várias revoltas do dia. Isso pode transformar a indignação que você não consegue expressar e te ajudar a planejar uma nova forma de fazer as coisas. A revolta pode te dar energia para a ação e fazer você desenhar uma nova trajetória.

Se aproveitada da maneira adequada, a revolta pode te ajudar a se movimentar num momento de luta, em vez de te deixar acuado. Já conheci muito empreendedor que estava sendo visto como falido e desacreditado por familiares e que fez uso da revolta para conseguir se levantar. Também vi gente da favela se movendo pela revolta para exigir melhorias, começar novos empreendimentos, buscar justiça.

Tudo isso nos transforma e nos faz deixar de desistir. Desistir não é uma opção. Agir, sim.

Muitas vezes, a revolta que você tenta reprimir ajuda a reverter um estado de inércia que te paralisa quando você é intimidado por alguém. E ela faz você colocar limites nas pessoas, não deixar mais que pisem em você. Você passa a se defender de um jeito mais coeso, firme. E o melhor: com energia.

Por isso, quando falamos em não desistir, precisamos lembrar que existem mecanismos que nos ajudam a lutar e a enfrentar a vida. Mecanismos que nos colocam de volta no ringue, de volta ao jogo.

SEJA UMA INSPIRAÇÃO

Eu não sou melhor do que ninguém por não ter desistido. Lutei muito, cansei muito. Sei o quanto me custou tudo que tive e o que perdi. Mas hoje, quando olho para trás, entendo que eu sou emocionalmente forte porque, quando estava perdendo, consegui mudar o jogo. Não me deixei ser nocauteado.

Enquanto escrevia estas páginas, estive na Bienal do Livro de São Paulo, sendo presenteado com a oportunidade de falar para uma arena com centenas de pessoas. Ao relembrar minha trajetória, contar como consegui vender mais de um milhão de livros e o que estou fazendo com o que a vida fez comigo, me emocionei e consegui entender o valor de tudo isso.

Se cheguei até aqui, foi para ser um mensageiro e inspirar aquelas pessoas a não desistirem. Pequenos empreendedores que estavam jogando a toalha, à beira do abismo, mas que se permitiram me ouvir e deixar que aquela mensagem lhes tocasse o coração.

É difícil, por exemplo, para um pai ou uma mãe de família, sentir que não está dando conta de sustentar seus filhos. O desespero bate na porta, e tudo que a pessoa pensa é em desistir. Ela não sabe o que fazer com tanto sofrimento. Como mudar essa condição?

É aí que o jogo muda, porque essa pessoa olha para o próprio passado e vê quantas guerras já lutou. Quantas já perdeu e quantas ganhou. Que tem forças internas que ajudam a resgatar a si própria e a continuar na caminhada.

Eu acredito que tenhamos um longo desafio pela frente, de criar multiplicadores dessa palavra que vos falo. Porque eu tenho certeza de que, quanto mais pessoas estiverem engajadas em inspirar umas às outras, mais facilidades teremos, mais caminhos poderão ser abertos.

Chame o seu irmão. Pegue na mão dele, olhe nos olhos dele e diga que dá para fazer alguma coisa diferente. Tente inspirar alguém hoje, tente conversar e ver algo positivo na sua vida em vez de reclamar tanto.

Tente acordar e perceber se não está reagindo mal aos acontecimentos, se a sua condição não é exatamente aquilo com que muitas pessoas sonham.

Tente, só por uma vez, enxergar tudo com um novo filtro, um novo viés. Esse é um jeito de conseguir perceber que a caminhada está valendo a pena. Um jeito de encontrar em si aquilo que chamo de força interna, que só tem que acordar.

Eu não tenho dúvidas de que a nossa vida pode sempre ser mudada para melhor. Basta agirmos em direção ao que queremos. Mas nem sempre é fácil ter coragem. É muito mais fácil sentar e chorar, reclamar, procurar culpados e apontar o dedo para que alguém resolva um problema que só a gente pode resolver.

BUSCANDO ENERGIA

Mas sejamos adultos e maduros.

Se o problema está diante de nós, cabe a nós mesmos tentar resolvê-lo, com toda a energia que tivermos. E se estivermos sem energia para reagir, que possamos refletir sobre onde estamos gastando nossa energia, se existe alguém que está sugando essa energia, se você está ou não levando fardos que nem sequer lhe pertencem.

É necessário saber também quais são as suas fontes de energia, se estão corretas, se são realmente verdadeiras, se compensam. Saber onde e do que estamos nos nutrindo é de extrema importância.

Procure nutrir sua esperança; busque formas de melhorar a si mesmo e alimentar essa energia de que precisa para construir um novo caminho. Se continuar vivendo do mesmo modo, em casa, reclamando da vida e falando com pessoas que só reclamam, nada vai mudar.

Esteja com pessoas que abanem suas chamas, que te motivem, que joguem junto, que inspirem; frequente lugares que te motivem. Faça coisas novas, alimente sua mente com pensamentos mais positivos e poderosos. Faça seu cérebro agir a seu favor e não contra ti.

Tente alimentar a si mesmo com tudo aquilo com que não te alimentaram. Seja a pessoa que inspira a si mesma, que enxerga o viés positivo das coisas, que entende que todo mundo tem momentos difíceis na batalha da vida. Tente se automotivar e absorver o que há de positivo no seu dia. Fazer um pouco por vez, mas fazer bem-feito aquilo que precisa ser feito.

Não pare de caminhar. Mesmo que seja um passo por dia.

Não desista. Não esqueça essa regra de ouro. Não vá se acostumando.

CUIDE DO SEU FOGÃO

Certa vez, escrevi um texto no meu Instagram que correu o mundo. Vou reproduzi-lo aqui:

Em um dia comum, depois de servir o jantar, eis que da concha de feijão uma gota escorre e cai em cima do fogão.

Quando vê essa cena, você diz a si mesmo:

– Que droga! Sujei o fogão! Ah, quer saber? Depois eu dou um jeito nisso.

Pronto! Essa foi a brecha, a semente que germinou o desleixo.

O tempo passou, e, de gota a gota de feijão que ficou para ser limpa depois, aos poucos notaram que não reconheciam mais o fogão que um dia tinham comprado com tanto brilho no olhar.

Assim como o fogão, o chão também foi ficando sujo, a cama desarrumada, roupas espalhadas por todos os lados, poeira, e por aí vai, ou melhor, por aí foi.

Fica fácil desvendar o desfecho dessa história: quando já não se reconhece o lar como sendo verdadeiramente um lar, não há relacionamento que fique de pé.

E aí vem a separação. Embaixo de muita lágrima, os dois se perguntam:

– Onde foi que nós erramos? Éramos tão apaixonados!

E a resposta é simples: erraram lá naquela primeira gota de feijão que escorreu da concha em cima do fogão e ficou para ser limpa depois.

Por efeitos semelhantes aos da gota de feijão, muitos negócios se perdem. Afinal, todos os dias algum empreendedor ou empresário de pequeno, médio ou grande porte começa algo em algum lugar. No início, tudo são flores, o brilho no olhar é intenso, a garra é gigantesca, a entrega é fantástica.

Tudo parece ir muito bem, até que uma coisa que deveria ser resolvida hoje fica para amanhã; e lá se foram as possibilidades de sucesso.

Contei essa história para mostrar a você que o mundo dos negócios funciona exatamente como um relacionamento conjugal: no dia em que você deixa de cuidar, de zelar, de ter brilho no olhar, já era! Isso é tão certo como dois e dois são quatro.

Agora é contigo: não importa se a luta hoje é pelo seu relacionamento conjugal ou pelo seu negócio, corra lá e confira se tem alguma gota de feijão derramada em cima do seu fogão, pois amanhã poderá ser tarde demais.

Uma bomba nada mais é que uma grande quantidade de pequeninas partículas de pólvora.

Cuidado pra não ir se acostumando. Você vai desistindo das coisas sem perceber.

São dicas simples que fazem diferença. São comprovações de que você se esqueceu de não desistir. De você, inclusive.

Não esquecer da regra 1 é dar o seu melhor, mesmo que esteja no pior cenário, até que haja um cenário melhor.

A vida me ensinou que no mundo real não tem como mudar o jogador. Até porque o jogador somos nós mesmos, e nesse jogo não tem banco de reservas. Então, independentemente da nossa condição, temos que entrar e jogar.

Por outro lado, essa mesma vida me ensinou a mudar o estilo de jogo, a estratégia do jogo, a desenvolver novas técnicas para o jogo. E entender isso me fez ir em busca da minha evolução, me fez melhorar o jogador que sou, me fez enxergar que, se não existia banco de reserva, era um sinal de que neste caso, na vida real, o segredo não estava em mudar o jogador, mas sim em mudar a jogada. Quando eu mudei a jogada, mudei também o placar. *Maktub*. Estava ali escrito o tempo todo e eu não via.

E esse é o mal que muitas vezes nos abate: não perceber coisas óbvias. Eu tive que lutar muito para entender isso e enfim ter certeza de que não poderia me dar ao luxo de me esquecer da regra 1.

Não esquecer da regra 1 é isso. É mudar a jogada em vez de querer abandonar o jogo ou trocar o jogador.

Não desistir significa seguir, ainda que as coisas ao redor estejam ruindo. Porque é só dessa forma que as oportunidades vão se apresentando.

REGRA 3
NÃO VAI SER FÁCIL

Esta é uma das regras mais complexas que temos neste livro. Desistir é a primeira regra, e não esquecer de não desistir é a segunda regra. E ambas estão relacionadas à regra 3.

Por algum motivo, todo mundo sempre acha que as coisas vão ser fáceis, que elas sempre darão certo. Por algum motivo, as pessoas tendem a acreditar que, tanto no mundo dos negócios como no dos relacionamentos, a conta é exata, que dois e dois de fato sempre serão quatro, mas na realidade nem sempre é assim que essa conta se fecha.

Muitas vezes, dois mais dois são três, ou cinco, ou dois.

Na vida real, quase nunca a conta é exata. E isso pouca gente conta. Principalmente nesta era do positivismo tóxico, quando muitos vivem a onda e a ilusão do "vai dar tudo certo".

UMA CIÊNCIA QUE NÃO É EXATA

Por que estou te contando isso? Porque a matemática da vida tem muitas variáveis. Não é só agir e esperar o retorno. Nem sempre a ação condiz com aquilo que esperamos – e, às vezes, implantam na gente o chip do "basta querer que acontece", sem que a gente entenda o que isso quer dizer.

Então, essa conta redondinha que todo mundo faz, "vou abrir meu negócio, vai dar tudo certo, vou conseguir realizar meu sonho", na ampla maioria das vezes é seguida de grandes decepções.

O discurso motivacional parece bom, mas, se ele não vem acompanhado de uma boa estratégia, te traz um fracasso certeiro. Principalmente nas primeiras tentativas, quando não temos muita experiência, não temos muito apoio, não desenvolvemos a expertise em nos relacionarmos com pessoas, em trabalhar em equipe e em saber vender.

Aliás, essas são três expertises que você pode desenvolver para conseguir ter algum sucesso em qualquer área da sua vida. E pouca gente conta isso.

Muitos acreditam que fazer um curso em uma área específica é o suficiente. A pessoa acredita que, depois de formada, vai abrir seu negócio e as coisas vão acontecer num passe de mágica, como tirar um coelho da cartola.

Só que, na prática, na ação, descobrimos que as coisas não são tão simples como no papel. Não é tão fácil como te venderam.

Você faz um curso de manicure, se dedica, aprende todas as técnicas para executar o ofício, mas ninguém te contou que também precisaria aprender sobre vendas; que tão importante quanto dominar o ofício é dominar a arte de vender; que, seja lá qual for o seu negócio, se não vender ele quebra.

Ninguém te disse que você teria que ter noções de administração, por exemplo, para poder calcular o preço dos produtos, fazer uma planilha, uma pesquisa de valores e possibilidades.

Ninguém te falou que você precisaria saber quanto custa um espaço, quanto deve cobrar da cliente, quanto investir em ferramentas de trabalho.

Ninguém te falou que você precisaria ter noções de divulgação, que teria que ser cirúrgico nas ações de propagar o seu trabalho, pra lotar seu espaço e daí poder sobrar algum dinheiro no final do mês.

Por falar em dinheiro, ninguém sequer explicou a você que seria preciso ter noções de educação financeira para conseguir desenvolver uma regra de três e principalmente alguns mecanismos para não gastar tudo que entra, e de não gastar mais do que entra. De saber que o dinheiro é todo seu, mas que você precisa dividi-lo em três porções: salário, empresa e fundo de reserva.

A manicure que não quer ser empreendedora também acreditou que seria simples. Que era só aprender um ofício, encontrar um bom salão e exercer seu trabalho. Ela não sabia que tinha que desenvolver outras aptidões, como a resiliência, quando a cliente não gosta, a paciência, quando o salário atrasa, quando a cliente desmarca em cima da hora e você está contando com o dinheiro daquela unha pra voltar pra casa.

Ninguém contou isso pra essa mulher.

E eu já conheci mulheres que começaram a fazer coisas incríveis e não sabiam como seria o depois. Assim que começou a moda da sobrancelha com micropigmentação, uma avalanche de cursos surgiu – e, com ela, muita desqualificação no mercado, muita frustração. Quando se faz um curso ruim, você não sabe como aplicar do jeito certo, porque é daquele jeito que te ensinaram. E o que acontece se a cliente não gosta? Ela entra com um processo e acaba com a tua carreira. Então, ninguém te contou que não basta fazer um curso se você não tem critérios para escolher o melhor curso.

Você não conta com isso.

NÃO ENTREGUE O SEU TRABALHO DE GRAÇA

Ninguém contou a uma empreendedora que a inveja nasce na intimidade, e aí ela pensou que suas melhores amigas fariam a unha com ela, que sua irmã faria a unha com ela, que ela teria uma cartela repleta de clientes, já que suas colegas pareciam interessadas em seu trabalho.

Mas o que aconteceu?

Ninguém veio. Ninguém compareceu, e ninguém sequer divulgou o trabalho que ela fazia.

Uma ou outra conhecida foi até a empreendedora querendo se aproveitar e já chegou pedindo para ela fazer a unha de graça, primeiro com a desculpa de divulgar o trabalho dela e, em seguida, com o "depois eu pago". E ela fez a unha de todo mundo de graça, e esqueceu que não sabia cobrar. E ninguém contou pra ela que não dá pra vender fiado se você não sabe cobrar.

O pior é que, por não saber cobrar, essa manicure acaba achando que isso é feio, que se cobrar, a pessoa vai ficar com raiva, vai parar de conversar ou coisa do tipo. Mas você precisa aprender de uma vez por todas, o seu ofício é que leva o pão para a sua casa, então isso passa a ser algo bíblico: "No suor do teu rosto comerás o teu pão". Então, você precisa desenvolver a mesma técnica que eu desenvolvi para seguir evoluindo: não me peça de graça aquilo que traz o pão para minha casa.

Se você não desenvolver e começar a aplicar isso no seu negócio, as pessoas vão abusar da liberdade e vão te dar calote atrás de calote, e ainda vão continuar a conviver contigo como se nada estivesse acontecendo, como se elas simplesmente não te devessem um centavo.

Você precisa, sim, cobrar. A regra é bem simples: me deve, me paga, colega. Porque na hora de fazer eu te atendi, então agora tenha hombridade, um pouquinho de caráter e dê um jeito de me pagar.

Se você vende fiado e não desenvolve em si a coragem de cobrar de quem te deve, no final do mês a conta não vai fechar, e se a conta não fechar o seu negócio simplesmente quebra.

Quem assiste às minhas lives matinais certamente já presenciou minha atitude quando alguém entra e me pede um livro de graça – eu sempre digo sem rodeios que não dou de graça nada daquilo que foi feito com o suor do meu trabalho.

Eu suei pra escrever os meus livros, e por isso preciso exigir o devido valor deles. Não por depender desses livros para colocar comida na mesa, mas por não achar justo dar de graça aquilo que faz parte da minha linha de produção. Por acreditar que, se uma pessoa tem um smartphone, tem internet e está assistindo a uma live, ela tem, sim, condição de comprar um livro, desde que de fato queira esse livro.

Nem que pra isso ela tenha que vender o smartphone. Isso é cortar na própria carne para alcançar aquilo que se diz querer. Quem quer dá um jeito e não uma desculpa.

Portanto, pregue isto: não me peça de graça aquilo que leva o pão para a minha casa.

"No suor do teu rosto, comerás o teu pão." Você tem o seu produto; não dá para distribuir de graça.

Já vi muitas mulheres reclamando de ouvir abordagens como "Oi, prima, tudo bem? Vi que fez um curso, tá sumida... Podia fazer minha unha de graça, né? Eu divulgo."

Não caia nesse golpe. É simples assim.

É MAIS FÁCIL DAR ERRADO DO QUE CERTO

Voltando ao básico: não basta saber cortar cabelo para abrir uma barbearia. Não basta saber fazer unha para abrir um estúdio de manicure. Não basta fazer trança para abrir um salão de beleza ou lavar carro para abrir um lava-jato. Não basta comprar água, gelo e uma caixa de isopor e sair pelas areias da praia vendendo água.

Não basta.

Você precisa entender que não vai ser tão simples quanto você imagina. E entender isso é se preparar para todo o processo que está por vir. Entender que não vai ser fácil é muito importante. Entender que não vai ser fácil vai desenvolver em você a tal da resiliência para aprender que é preciso se desafiar quantas vezes for necessário.

Mais do que isso: saber que não vai ser fácil faz você descobrir quais são os pontos difíceis do processo e entender mais sobre eles.

Mas o que você precisa saber para se dar bem como doceira?

Não basta fazer um brigadeiro gostoso. Hoje, é preciso conhecer todos os mecanismos – como fazer a engrenagem girar, como comprar os melhores produtos com o menor custo, como entregar o melhor serviço ou produto para o cliente, analisar a concorrência, checar como está o pós-venda e verificar como estão os pedidos e os pagamentos. Para crescer nos negócios, é preciso crescer internamente e aprender uma série de coisas que ninguém te diz que vai ser necessário.

Entender que não vai ser fácil não vai te impedir de se espatifar na lona quando subir no ringue e se machucar, mas vai fazer você levantar, sacudir a poeira e dar a volta por cima sempre que isso acontecer. Cada vez mais forte.

Porque você aprende com os próprios erros.

Porque, cada vez que um cliente te der o cano ou deixar de te pagar, você vai entender que precisa desenvolver uma estratégia para que isso não se repita. Porque, cada vez um contrato de boca não der certo, você vai saber que precisa de um contrato assinado e com firma reconhecida, pois nem todo mundo é gente boa como você.

Você vai cair quando a sua tia copiar sua ideia e abrir algo parecido com o que você tinha dito pra ela que faria, mas com muito mais dinheiro envolvido, e destruir o seu negócio criando uma concorrência desleal na mesma rua.

Você vai cair quando contar o seu sonho e perceber que existem pessoas que já fizeram aquilo e não deu certo da maneira que você estava imaginando. E aí você aprende com o erro delas.

Mas você também precisa aprender que não é preciso errar para aprender: o ideal é já começar acertando. Se não souber disso, você vai achar que é preciso errar, que é comum errar, que errar faz parte etc. – e tem que ter muito cuidado para não acreditar que é preciso errar. E isso também não é fácil. Aliás, é muito difícil! Até porque nunca te contaram.

Nunca vai ser fácil. Vai ser muito mais difícil do que você imagina.

Por exemplo, apenas 1 das 32 seleções poderá ganhar a copa do mundo. São muitos países disputando um único troféu. Você acha simples?

É mais fácil dar tudo errado do que dar tudo certo. Saber disso é muito importante para começar. Vai ser muito mais complexo do que você imagina. E, conforme você se liga nessa afirmação, você está preparado para buscar as forças que não tem.

Quando eu falo sobre buscar forças que não tem, me refiro àquilo que você precisa desenvolver para que seu negócio ou projeto dê certo. São aptidões que nem sempre estão ali gritando para serem aprendidas. Elas sequer são ensinadas na maioria das vezes. Mas são mais essenciais do que aquilo que você faz no dia a dia.

Quem ousa querer alcançar o extraordinário precisa também entender e desenvolver o controle emocional. Ter controle emocional é basicamente observar as suas emoções e não deixar que elas o dominem. Conversar com elas, com a sua mente. Ter domínio sobre si próprio, num nível que te traga para o chão, mas não te deixe parar de sonhar com as estrelas.

Eu suportei quarenta anos de anonimato. Suportei dormir no chão, suportei ser chamado de lixo. Suportei ser a chacota da galera e suportei o sol de quarenta graus de Copacabana, suportei ser servente de pedreiro e também ser chamado de tatu quando eu trabalhava fazendo rede de esgoto na rua.

Na época, eu entrava em valetas de cinco metros de profundidade e não era fácil. Perdi amigos que faziam isso quando um barranco desabou.

A vida vai trazer experiências que a gente amarga, que não gostamos de lembrar e sequer de contar para as pessoas que nos cercam. São experiências ruins, trágicas, cheias de nuances. E não me diga que você não tem nenhuma dessas para contar.

Tive que engolir em seco várias vezes na vida e suportar, suportar, suportar e seguir.

Quando eu falo sobre suportar, quero dizer que o ombro pesa nesse momento. A gente mais uma vez pensa em desistir – e aí lembra do conselho de que não ia ser tão fácil, mas não é impossível.

Não vai ser fácil segurar a lágrima. Você tem que entender que vai chorar. Aliás, você precisa chorar. Chorar pode te salvar de muita coisa, pode fazer você extravasar emoções e criar mecanismos para enfrentar a dor que só você sabe que está sentindo.

Na hora da luta contra o dragão, você pode ficar quieto, firme, mas no seu quarto, colega, é você e seu travesseiro.

E aí a conta vem. O choro, o medo de lembrar que a venda não deu certo, que aquilo que você esperava não aconteceu. Aí, meu irmão, tem que deixar a lágrima cair pra não surtar.

No dia em que você torra o dinheiro e tem que recomeçar com menos tempo e sem dinheiro, chora de novo. Chorar não vai te deixar mais fraco. Pelo contrário. Vai te fortalecer, te fazer ter mais recursos internos para elaborar as pancadas que a vida inevitavelmente vai te dar. Eu costumo dizer que cada lágrima que já rolou do meu rosto fertilizou minha lavoura, pois usei todas a meu favor e não contra. Por isso, todas valeram muito a pena.

Experimente fazer isso também, use o seu rio de lágrimas como fertilizante. Não vai ser fácil suportar, mas sem controle emocional é muito mais complexo.

Não sei com quantos anos você está lendo este livro. Da minha parte, eu mal sabia que teria que suportar mais 25 anos até alcançar o que queria. Então, não seja imediatista. Não acredite que tudo vai acontecer da noite para o dia.

Porque existe um processo a ser respeitado, e ele envolve a sua capacidade de suportar esse mesmo processo. Seja paciente com isso.

Ainda que não tivesse alcançado os meus objetivos aos quarenta, eu ia prosseguir, mesmo não sendo fácil. E o motivo era simples: ciente do que plantei e ciente de ter cultivado o que plantei, eu sempre tive certeza das possibilidades de colheita.

Tem muitas tempestades que não estão no gibi. O caos se instala. Nunca é fácil. Ai de quem acha que o jogo está ganho e não continua plantando e semeando. Tem muita gente que chega num patamar e acredita que não precisa mais fazer nada. Que a partir de então é só vitória; a pessoa imagina que a vida está ganha.

E eu, falando com base em minha própria caminhada, sei que este mundão não gira, ele capota. Tenho cuidado para não achar que o mundo está nas minhas mãos. Não sou um super-homem, e por isso sei que um único vacilo pode levar tudo por água abaixo e me obrigar a recomeçar.

Quando se alcança muito, não é fácil manter a essência, a humildade, a fidelidade ao Deus que você serve. Honrar pai e mãe, manter os princípios... Vejo muitos por aí que não alcançaram o que consegui alcançar e já pisoteiam, sapateiam e sambam na cara da sociedade. Imagine se Deus der asas maiores pra esse tipo de gente! Essas pessoas se comportariam como se literalmente tivessem o rei na barriga.

É por isso que conhecer a regra 3 é tão importante. Porque você precisa saber que não vai ser fácil. Você vai ser provocado o tempo todo antes de chegar, e, quanto mais crescer, mais difícil vai ficar. Não vai ser fácil levantar e seguir em frente.

Desenvolva o controle emocional para suportar tanto o caos como a bonança. Porque, se você quer conhecer o ser humano, dê a ele o poder. Se você pensa que o caos é complexo, se prepare! Quando o dinheiro chegar, muitas outras complexidades virão junto, principalmente se você não estiver mentalmente preparado para lidar com o muito sem ser soberbo.

Se estiver reclamando do caos, espere até alcançar o extraordinário.

Não vai ser fácil.

A CAMA ELÁSTICA NO FUNDO DO POÇO

Mas olha só, parceiro: pra fechar este capítulo, eu preciso te dizer que, na sua mente, é preciso existir uma cama elástica no fundo do poço. Na mente de um águia tem sempre uma cama elástica quando se está em queda.

Um fraco não entende essa necessidade, e só por isso ele bate lá no fundo e fica. Mas o águia, como desenvolveu a visão além do alcance, bate e volta a subir numa velocidade maior e numa altura maior.

Eu sou prova viva disso! Eis-me aqui.

Sempre levei ao pé da letra aquele trecho da música "Vida loka", dos Racionais MC's que diz: "Pode rir! Ri, mas não desacredita não".

Em todos os pontos de inflexão que me jogaram pra baixo, eu batia e subia. A galera que dizia que não tinha cama elástica não consegue mais me ver. E tem que acreditar nessa parada. Se não acreditar que é possível bater e voltar, você bate e morre. Eu tenho uma cama elástica na minha queda.

Assim, o "não vai ser fácil" fica um pouco mais suportável.

Sucesso não é o que você colhe. Tem a ver com a semente que resolveu plantar, e a colheita veio da sua fidelidade ao cultivar aquilo que plantou. Para chegar às grandes conexões, você tem que ter plantado as sementes corretas. Não queira chegar às grandes conexões sem plantio. E não esqueça: cultive as sementes que você plantou até que elas venham a dar frutos.

Principalmente, se prepare para enfrentar e suportar o processo, que muitas vezes é muito longo e bem lento. Quando entender tudo, você vai saber que nunca vai ser fácil, e por outro lado vai saber também que não precisa ser fácil, basta não ser impossível. Mas isso já é papo para o próximo capítulo.

Quem ousa querer
alcançar o extraordinário
precisa também
entender e desenvolver
o controle emocional.

REGRA 4
NÃO PRECISA SER FÁCIL

Quando você descobre que não precisa ser fácil, o jogo muda.

Na verdade, é nessa fase que você realmente entra no jogo. Porque primeiro você é barrado pela ideia de desistir, achando que isso resolveria tudo. Depois, você é praticamente barrado porque, mesmo seguindo, percebe que foi desistindo e quase fica pelo caminho de novo.

Depois, quase é barrado pela ideia de achar que tem que ser fácil.

E, quando descobre que não precisa ser fácil que basta não ser impossível, você começa a ver o mesmo mundo por uma nova perspectiva e desenvolve a técnica de olhar para onde está todo mundo olhando e enxergar o que ninguém conseguiu ver até aquele momento. Ou seja, o jogo é o mesmo, o jogador é o mesmo, mas a jogada é outra. Você mudou a maneira de ver a mesma coisa, isso te fez mudar de jogada e essa mudança mudou o placar. Isso faz toda a diferença.

Você passa a ter certeza de que o impossível nada mais é que algo que ainda não foi feito por ninguém. Então, você passa a trabalhar pesado para quem sabe ser o primeiro a executar a tal façanha. Passa a caminhar com mais convicção, vontade e brilho no olhar, movido pela energia de saber que, se não é impossível, não precisa ser fácil. Descobrir isso é tão avassalador que você nem nota que, a partir desse ponto, aumenta a convicção de que dá, sim, para chegar ao extraordinário, essa convicção de que não precisa ser fácil. Basta não ser impossível.

Essa fase do jogo é uma das minhas preferidas, porque foi depois daí que fiz minha primeira horta – mesmo com minha mãe dizendo: "Esquece essa ideia de comer carne. Não é pra gente". Eu sabia que não seria fácil.

E de alguma forma, ainda que fosse involuntário, minha mãe, quando me dizia "esquece", estava me convidando a desistir. Isso acontece muito em nosso dia a dia. Pode estar inclusive acontecendo contigo aí agora, bem no instante em que lê esta página. Quantas vezes ouvimos isso de gente de muito perto? O marido, a esposa, o noivo, a noiva, o pai, a mãe, o colega, a amiga ou o amigo, sempre alguém próximo a você que nunca fez questão de ajudar, de chegar pra somar, mas que, por outro lado, sempre foi cirúrgico em desmotivar, em te colocar pra baixo, em jogar o balde de água fria. Muitas vezes com frases do tipo "Esquece isso! Não é pra você" ou "Essas coisas só dão certo pra os famosos da internet. Você está se iludindo"; ou "Você sonha alto demais"; ou "Seu primo, sua prima já está se formando e você até agora nada"; ou "Até quando você vai ficar brincando de empreender"; e até mesmo "Quando você vai arrumar um trabalho de verdade?". E por aí vai...

Peguei pesado agora, né? Bateu bem no fundo da sua alma, pois é exatamente o que você está passando neste momento.

Eu sei bem como é. Não é fácil.

Mas vai por mim! Lembre-se de que você está justamente na regra que lhe traz ensinamentos sobre esse assunto. Não precisa ser fácil. Basta não ser impossível. Portanto, suporte.

Foi isso que eu fiz. Suportei o processo até que a horta crescesse e desenvolvi meu controle emocional. Descobri que não precisava ser fácil, e descobri também que era uma crença limitante aquela história de que não era pra gente.

E essa crença limitante está enraizada na maioria do meu povo.

Não precisa ser fácil.
Basta não ser impossível.
Portanto, suporte.

É POSSÍVEL,
MAS VOCÊ PRECISA SABER DISSO

"Ter aquele carro não é pra mim", "Morar nessa condição não é pra mim", "Estudar numa escola boa? Nunca vou conseguir. Não é pra mim", "Me alimentar de maneira saudável? Não é para mim", "Me vestir bem? Nunca!"

Até que você descobre que não precisa ser fácil; basta não ser impossível. E aí você começa a caminhar.

Chegar no Rick que sou hoje, para me locomover num carro de qualidade, num transporte de qualidade, me alimentar bem, poder frequentar lugares melhores, viajar o mundo, veio da certeza de que não era impossível. Aprendi que mesmo não sendo fácil não era impossível, e esse aprendizado me fez chegar até aqui.

Essa regra é muito importante, porque a partir dela você começa a enxergar que, mesmo que o mundo mude, você tem outra visão.

A partir da quarta regra, quando começa a entender que não é impossível, você muda a jogada, muda o placar e aí sim o jogo vira a seu favor.

Eu costumo dizer que os dias de luta constroem os dias de glória. Não há vitória sem luta, então a luta não precisa ser fácil; ela só precisa ser possível. Muitas pessoas deixam de subir no ringue com base nessa teoria: não vou enfrentar porque não vai ser fácil.

Eu decidi subir no ringue. Sabia que era um contra um, e queria lutar essa luta.

Sou um cara que tomou muita porrada na vida, mas com o tempo entendi que dava para lutar e para vencer, porque eu via outras pessoas vencendo. E, enquanto está lendo isto, você para e se pergunta: "Mas o Rick nasceu no caos? Quem era vitorioso no meio do caos? Lá não é só miséria, só pobreza, só caos?". E eu te respondo que temos níveis de sucesso diferentes.

Quando entendemos isso, conseguimos ver sucesso em quase tudo que olhamos ao nosso redor.

Se eu e você nascemos descalços e você consegue colocar um chinelo no pé com o suor do seu rosto, eu vejo que não foi fácil, porque nascemos descalços, mas não é impossível ter um chinelo.

E, se eu olho para você, que conseguiu colocar um chinelo no pé, eu posso me munir de esperança: dá pra ter um chinelo. Apesar de não ser fácil ter um chinelo, não é impossível.

Eu calcei Kichute para não ir descalço para a escola. E eu queria a Conga. Mas eu acreditava que a Conga não era pra gente – não era fácil ter uma Conga. E depois eu entendi que não era impossível ter uma Conga. Podia ser difícil, mas não parecia ser impossível.

Eu sou o filho do meio, e na realidade em que eu nasci a roupa era comprada para o irmão mais velho e herdada pelo filho seguinte. E eu precisava cuidar da minha roupa para os meus irmãos usarem.

Isso criava a crença de que roupa nova não era fácil. Mas, quando comecei a vender sacolé e verdura, eu entendi como se ganhava dinheiro e percebi que, apesar de ser difícil comprar roupa nova, não era impossível.

Então, comecei a lutar para comprar minhas própria roupas.

Não por entender que era fácil, mas por entender que não precisava ser fácil; me bastava saber que não era impossível. Esses passos foram me conduzindo degrau por degrau durante décadas.

Suportei, subindo todos os níveis de sucesso, sem saltar nenhum degrau.

O sucesso tem níveis, e, mesmo estando no caos, se considerarmos nossos pequenos avanços, podemos concluir que saímos, sim, em níveis de sucesso.

Como na matemática da vida nem sempre dois mais dois são quatro, houve épocas em que a vida me jogou escada abaixo. Não era fácil subir a escada de volta. Às vezes, eu rolava lá pra baixo e ficava. Mas eu olhava mais uma vez e sabia que podia recomeçar.

Fui desenvolvendo a capacidade de me reinventar, de recomeçar sempre que fosse preciso. Eu sabia que não era impossível e ia construindo os caminhos.

A DIFERENÇA ENTRE SEGUIR UM CAMINHO E CONSTRUIR UM CAMINHO

Entenda bem esta frase que vou dizer agora: as pessoas que "querem ser" procuram o caminho para a vitória. As pessoas que "são" constroem esse caminho. Percebeu a diferença? Procurar o caminho é de certa forma cômodo, fácil. Afinal, ele já existe, basta encontrá-lo. Mas construir o caminho é só para os águias. Apenas esses têm a sede necessária para encarar tal desafio.

Eu já era um vitorioso e sabia disso, levando em conta o cenário em que nasci.

Considerando que eu poderia ter entrado em portas que poderiam ter me levado para caminhos sinuosos e que não entrei em nenhuma delas, fui trabalhando honestamente, comendo do suor do meu rosto, subindo degrau por degrau. Me considerava um vitorioso.

Talvez para a multidão eu não fosse, porque a multidão classifica a vitória como a situação em que estou agora, mas para mim, na minha concepção, partindo do cenário em que nasci, sempre fui vitorioso.

Entenda que nós podemos construir nosso caminho para a vitória, e eu sempre caminhei e construí.

Eu sei que você pode estar passando por uma turbulência, sem ver luz em nenhum lugar. O clima em casa está tenso, o túnel está escuro, o mercado parece difícil. E você não vê a luz.

O que você não percebe é que nós somos a luz. Uma vez potencializado pela força de saber que não precisa ser fácil, é só não ser impossível, você simplesmente entra no túnel.

Se não se enxergar como luz, você vai entrar no túnel e não ver nenhuma luzinha. Nem no final. Mas, quando se enxerga como luz, você entra no túnel e ele simplesmente fica mais claro. Você ilumina o túnel.

Você é a luz. E entender isso vai ser crucial.

Essa regra é muito importante, porque a partir dela você começa a enxergar que, mesmo que o mundo mude, você tem outra visão.

REGRA 5
SE VOCÊ COMEÇAR UM NEGÓCIO HOJE, PODE DAR TUDO ERRADO

Essa regra é muito importante para que você entre em qualquer negócio com os dois pés cravados no chão, tendo certeza de que pode, sim, dar tudo errado. Independentemente do seu empenho, pode dar tudo errado.

Você pode ter um cenário favorável e mesmo assim pode dar tudo errado.

Entender isso é crucial, porque você precisa trabalhar em si próprio a questão da resiliência. Resiliência é a capacidade de lidar com problemas, de se adaptar a mudanças, de superar obstáculos ou de resistir à pressão de situações adversas. É a capacidade de se reinventar e de tirar aprendizado dos próprios erros.

Vou repetir aqui um dos trechos mais importantes do meu primeiro livro: "Identifique o erro, aceite o erro e corrija esse erro para que ele não seja cometido novamente".

Ao trazer essa frase para a nossa conversa aqui, eu reafirmo que é necessário estarmos prontos para tudo, inclusive para lidar com circunstâncias difíceis que não imaginávamos ou que não supúnhamos que poderiam cruzar o nosso caminho.

Eu nunca vou cansar de dizer que a chance de dar errado é muito maior do que a chance de dar certo. E essa afirmação pode parecer absurda para muitos que insistem em querer impor a positividade tóxica, fazendo você acreditar que é só pensar positivo que as coisas dão certo.

Não dá pra fazer uma conta redonda como se o êxito fosse garantido. É importantíssimo ter essa noção e conhecer a trajetória das pessoas que conseguiram voar e alcançar resultados extraordinários. É só ler ou assistir à história dessas pessoas e você vai perceber que elas fizeram inúmeras tentativas antes que tivessem a possibilidade de alcançar algo considerado fora da curva.

A ampla maioria dos que venceram passou por isso. E nada disso pode ser um empecilho para que você dê o primeiro passo.

COMECE AGORA

Tem uma pergunta que já ouvi algumas vezes: "Você tem noção de quantas ideias existem dentro de um cemitério?". São aquelas ideias que nunca foram colocadas em prática.

E você tem ideia de quantos bons projetos ficaram guardados dentro da gavetas, esquecidos pelo tempo, empoeirados, porque não foram colocados em prática por covardia ou medo de que aquilo pudesse dar errado? Será que o seu projeto não é um deles? Um projeto que está apenas dentro da sua mente, esperando a sua coragem de agir?

Eu não tinha essa noção até o dia de ligar o celular e gravar o que muitos chamam de "o lendário vídeo da água", que viralizou e me fez chegar até aqui. Com isso, obtive o reconhecimento de que posso ser um mensageiro, honrando minha palavra e a levando diariamente para milhões de pessoas por meio de minhas plataformas, livros e palestras, cursos, campanhas etc.

Se naquele momento eu não tivesse apertado o play, jamais saberia. Eu poderia passar o restante dos meus dias na Terra vendendo água nas areias da praia de Copacabana sem saber da existência de vocês, e vocês sem saber da minha. Se eu não tivesse dado aquele passo, talvez estivesse até agora no mesmo lugar. Até começarmos, jamais sabemos a dimensão daquilo que podemos alcançar.

Por isso, eu te intimo neste exato momento: você precisa começar.

Você deve estar se perguntando: "Mas, Rick, se eu sei que pode dar errado, então como vou ter coragem de começar?". É aí que mora o segredo.

Saber disso faz você se cercar de uma quantidade de cuidados, para que você primeiramente tenha essa mentalidade de que pode, sim, dar tudo errado. E depois para ter consciência de que, sabendo que pode dar errado, quanto mais conhecimento tiver para começar, melhor.

Não dá pra ser um aventureiro, um afoito. Alguém que vai começar a qualquer custo, a qualquer tempo ou com "qualquer" produto ou serviço. É preciso ter sede de aprender, aprender e aprender sobre vendas.

TENTE TODOS OS DIAS

É preciso que você tenha noções de relacionamento, de procura, de onde está seu público-alvo. É preciso que você saiba que o mundo dos negócios gira em torno de uma única coisa: você tem que resolver o problema de alguém.

Você precisa saber quem é esse alguém que terá o problema resolvido pelo seu negócio, onde está e como chegar a essa pessoa.

Ao mesmo tempo, não dá pra entrar no jogo desesperado. É necessário saber em qual momento você vai oferecer seu produto ou serviço.

Esses são alguns dos princípios básicos. Você não pode se dar ao luxo de começar sem pensar a respeito deles.

Além de tudo isso, você precisa desenvolver a ideia de levantar, sacudir a poeira e dar a volta por cima, enxugar as lágrimas, juntar os cacos e voltar para a arena para tentar novamente.

E tentar novamente.

E tentar novamente.

Quantas vezes for preciso, até que consiga acertar.

Não tem a ver com acertar na primeira tentativa, e sim com ir tentando até acertar.

Claro que o melhor cenário é trabalhar a possibilidade de conseguir de primeira. Não estou dizendo que você precisa errar para aprender.

Hoje em dia, existem infinitos meios de estudar: por meio de mídias digitais, livros, uma infinidade de conteúdos gratuitos e muitos águias que já voaram alto e disponibilizam conteúdos diariamente.

Você pode se cercar de uma quantidade imensurável de cuidados para evitar erros grosseiros.

Existem possibilidades de erros em que, sozinhos, não conseguíamos pensar no início. Erros grosseiros! Está cheio de conteúdo na internet que pode ajudar você a evitá-los.

Mas para isso é necessário ter um mecanismo atuando dentro de você: a vontade e a curiosidade, que combatem a inércia. Você tem que gostar de ler.

"Ah, mas eu não tenho paciência para ler", você pode estar dizendo agora. Mas saiba que não é questão de ter ou não ter paciência, de gostar ou de achar bom. É uma necessidade básica para que você comece e tenha menos possibilidades de cometer erros grosseiros. Porque começar de qualquer maneira é quase que validar a ideia de que vai dar tudo errado.

Quando começar, lembre-se: feche os ouvidos para as críticas negativas.

USE AS FRAQUEZAS PARA SE REINVENTAR

Não estou dizendo para você não considerar as críticas. Até porque, é aquilo que sempre digo: tudo serve como aula. Então, estude até as piores críticas. Mas nunca ache justo que pessoas próximas minem sua vontade. Que pessoas próximas joguem água fria o tempo todo no seu projeto.

Eu já vi negócios acabarem porque o empreendedor não tinha uma coisa básica, que era o apoio de seu companheiro ou companheira dentro da própria casa.

Resiliência é a capacidade de lidar com problemas, de se adaptar a mudanças, de superar obstáculos ou de resistir à pressão de situações adversas.

É preciso ter a mentalidade forte para lidar com tudo isso. Contar até dez, absorver e começar assim mesmo. E tem que ter outro tipo de mentalidade, que é trabalhar com a possibilidade de dar tudo errado, e, se der errado, ser forte para ouvir a tropa te dizer: "Eu avisei", "Cansei de te falar".

Que é o que muitas pessoas estão esperando. O momento de ver você cair, para te lembrar sobre o quanto foram cuidadosas em te alertar para não se arriscar.

Poucas pessoas virão te dar um abraço e dizer: "Eu estou aqui. Vamos ver o que deu errado. Vamos juntos para a próxima tentativa. Me deixe te ajudar para que você se erga novamente".

Pouca gente vai emprestar o ombro para que você chore. Ou te ajudar a enxugar as suas lágrimas.

E é por isso que essa mentalidade deve estar desenvolvida dentro de você – porque você precisa saber que, se começar um negócio hoje, pode dar tudo errado.

Pode dar muito errado.

Dá frio na barriga ler isso? Então leia mais uma vez e, se possível, diga em voz alta: pode, sim, dar tudo errado.

Você tem ideia de quantas vezes um atleta de alto nível fez uma tentativa para atingir seu melhor desempenho e não conseguiu a vitória tão esperada? Tem ideia de que ele superou a si mesmo? Que pensou em desistir e não desistiu, que persistiu e treinou os mesmos movimentos inúmeras vezes?

Tem ideia de quantos anos o Usain Bolt demorou pra chegar à excelência? E, já que estamos falando dele, vou contar uma coisinha pra você: pra atingir a meta, Usain Bolt precisou mais do que tudo demonstrar um grande poder de superação.

O cara nasceu numa comunidade rural na Jamaica e se interessou pelo atletismo ainda pequeno. Imagine que ele começou a correr aos doze anos. Foi treinando que ele se tornou o homem mais rápido do mundo. Um verdadeiro relâmpago. E sabe de uma coisa que pouca gente nota? O Bolt nunca começa ganhando. Ele tem a pior saída depois do tiro de largada e sempre começa em último. Só que ele sabe que seu tempo de reação é ruim, e o que ele faz com isso? Foca nos pontos fortes. Como ele é alto e tem passos largos, consegue ter boa impulsão e superar essa diferença inicial com muita facilidade. E aí ele se concentra nisso: no que ele faz bem.

Além disso, o gênio das pistas de corrida tem um carisma que o mundo adora. Ele faz o gesto do raio, bate no peito, brinca e descontrai antes do tiro de largada. Porque ele sabe que isso vai fazer a corrida ser mais leve e descontraída.

Será que todos temos essa habilidade de começar algo muito importante de maneira descontraída? Ou ficamos sempre sisudos, porque acreditamos que a nossa vida depende daquilo e colocamos mais tensão do que deveríamos nas coisas?

Pra ter o resultado que tem, Bolt treina cerca de doze horas por dia. Faz tudo repetidamente, mas sabe que precisa fazer. E isso se chama poder de condicionar a mente. Saber o que precisa ser feito e executar, custe o que custar.

Quando ele disse, em suas entrevistas, que a diferença entre o impossível e o possível estava na determinação, eu me vi naquele discurso. Porque não temos certeza da vitória, mas, se estivermos determinados na conquista dos nossos objetivos, teremos mais ferramentas para atingi-los, sejam quais forem.

E Bolt é um entre tantos atletas de alto nível que entenderam que a tentativa e o erro fazem parte do negócio.

Michael Jordan foi eleito o jogador de basquete mais influente da história. E ele mesmo admite que errou muito no começo. Mas continuou tentando. Mesmo sabendo que podia dar tudo errado.

Por outro lado, eu te pergunto: como o mundo vê essas pessoas hoje? Como indivíduos que atingiram seus objetivos.

E, por mais que você acredite que eles são diferentes, que a mentalidade deles não é normal, por incrível que pareça, eu não consigo ver dessa forma. Consigo ver dois caras que não desistiram.

Eu recebi menos possibilidades que a ampla maioria, mas tive uma dedicação absurda para começar, mesmo sabendo que poderia dar errado. Desde a primeira horta.

E a pergunta que fica é: você já se reinventou? Está melhor hoje do que estava ontem? Está pior hoje do que precisa estar amanhã? Está com medo de começar? Vai esperar até quando?

Tem um negócio chamado tempo, e a diferença está no que cada um faz nas 24 horas do dia. Alguns começam, outros pensam em começar.

E aí, vai começar mesmo sabendo que pode dar tudo errado ou vai cometer o erro de não começar? A escolha é sua.

Não temos certeza da
vitória, mas, se estivermos
determinados na conquista
dos nossos objetivos,
teremos mais ferramentas
para atingi-los,
sejam quais forem.

REGRA 6
SE VOCÊ NÃO COMEÇAR UM NEGÓCIO HOJE, JÁ DEU TUDO ERRADO

Na regra anterior, falamos que, se você começa seu negócio hoje, pode dar tudo errado, mas aqui quero ressaltar que, se você não começar seu negócio hoje, já deu tudo errado. Ter começado já vale a pena.

É sempre importante ressaltar que qualquer passo dado te tira de onde você está. Logo, não dar um passo é o maior dos erros.

E começar é sinônimo de agir. Você saiu do papel, dos planos, e entrou no campo da execução. Agora, você tem a possibilidade de estudar o seu negócio e entender que, se acontecer um erro, você pode identificá-lo, aceitar que errou, corrigir esse erro e não cometê-lo novamente.

Mas pelo menos você começou.

No entanto, se você não começa, aí já deu tudo errado.

Temos o hábito de dizer que a vida não é justa, e de fato temos uma infinidade de comprovações de que realmente não é. Mas, no que se refere ao tempo, aí não dá pra falar de injustiça, afinal Deus foi justo: o dia tem 24 horas pra todo mundo.

O dia do Elon Musk parece que tem 30 horas? O dia do Jeff Bezos parece que tem 30 horas? "Como o Rick Chesther consegue fazer tanta coisa num dia só?" Será que o dia do Rick Chesther tem 30 horas?

E aí é que está a diferença: como você se comporta nas suas 24 horas.

Já pensou em fazer um exercício? Tentar, nem que fosse por uma única vez, anotar de maneira bem resumida onde estava em cada hora do dia.

Aí, no outro dia você vai fazer um estudo dessas 24 horas e ver quais têm sido seus ladrões de tempo. Onde, nessas 24 horas, você poderia ser um pouco melhor, onde poderia ser mais produtivo. Com base nas suas próprias práticas e atos, você consegue filtrar e fazer uma peneira para que amanhã seja um ser humano maior e melhor em todos os níveis da vida.

Se você nem sabe onde está colocando seu tempo, acaba tendo a ilusão de que seu dia tem poucas horas e o meu tem mais. Você vai se comparar com os outros e achar que muitas pessoas têm o rendimento maior que o seu. Mas não vai entender por que os rendimentos são diferentes.

A quantidade de horas é a mesma. O que explica, então?

A nossa vontade de mudar hábitos todos os dias. A vontade de se colocar na condição de aprendiz todos os dias.

Como está seu comprometimento? O meu é inegociável quanto a ser hoje uma pessoa melhor do que eu era ontem. Se não, eu começo a perder a validade e o poder de atração – e fico estagnado e parado no tempo.

Preciso observar a mim mesmo todos os dias para que minha mentalidade seja muito forte.

ENQUANTO VOCÊ PENSA, OS OUTROS FAZEM

Reflita sobre o que eu disse. Vai cair a ficha de que, no que se refere ao tempo, há sim justiça. Todos temos as mesmas 24 horas. Se eu pego as minhas 24 horas e começo, posso até errar, mas, se estudar esses erros e recomeçar amanhã, vou estar na frente.

Um dia comecei a vender água e acabei chegando aonde cheguei.

Você pode ter pensado em começar algo, mas ficou naquele questionamento: "Será?". Se ficou nesse "será?", você parou na regra 5.

Se tivesse começado, poderia ter dado tudo errado. Como não começou, não foi para a ação; se não teve ação, não teve resultado; e, se não teve resultado, já deu tudo errado.

Está garantido que, se começar seu negócio hoje, vai dar certo? Não.

Você começou a trabalhar numa confeitaria? Pode dar tudo errado. Acabou de fazer um curso de gastronomia e vai abrir seu restaurante? Pode dar tudo errado. Mas, se você não fez nada disso, já deu errado. Porque neste exato momento tem alguém abrindo um restaurante, nem que seja para aprender com os próprios erros e abrir outro restaurante.

Neste exato momento, tem alguém abrindo uma barbearia, um salão de manicure, uma confeitaria. E você ficou só na ideia.

Tem medo? A coragem é o degrau acima do medo. Todas as pessoas têm medo, mas é preciso ter controle sobre ele. Os águias não começam porque não têm medo. Eles começam porque têm controle sobre o medo.

MEDO, CORAGEM E CONTROLE

Eu não posso entrar numa piscina sem saber nadar. Preciso aprender a nadar para entrar na piscina. Caso contrário, eu morro afogado. Se eu pulo de um penhasco sem um paraquedas, vou me machucar. Eu preciso me preparar para saber saltar e conseguir chegar em terra firme.

O medo é um degrau que todas as pessoas têm que pisar na escada que leva até o extraordinário. Mas o degrau acima do medo é o que nos impulsiona para seguir firmes. E esse degrau é o degrau da coragem.

O que é a coragem? É a certeza da existência do medo, aliada ao meu desejo de seguir em frente. É ter medo, controlar o medo e seguir. Dar um primeiro passo. Se vai dar certo? Zero garantia. Mas a regra é que temos que dar o passo.

O medo controlado te possibilita construir o degrau da coragem. E, quando construímos esse degrau, desvendamos um mistério incrível, que é: não tem a ver com não ter medo, mas com ter mais coragem do que medo.

Precisamos começar, ou recomeçar. Em todos os níveis.

Se você já se relacionou com pessoas, se decepcionou e hoje tem medo de se relacionar novamente, já deu errado, porque você vai se blindar, vai construir uma infinidade de muros em volta de si mesmo. Não vai deixar nenhuma pessoa incrível se aproximar por medo de dar errado.

Pessoas incríveis vão passar, você estará cercado de crenças limitantes, essas pessoas vão partir e outro alguém vai conhecer aquela que poderia facilmente ter sido "a sua pessoa incrível". Mas você a deixará ir embora por medo de dar errado. Nesse caso, você não perdeu essa pessoa para outra pessoa; você a perdeu para si mesmo. Porque você teve medo de estar com um novo alguém.

Você precisa entender que, se não se curar do que te feriu, gotas de sangue vão respingar em pessoas que não têm nada a ver com esses machucados.

Ou seja, se você começar um novo relacionamento hoje, pode, sim, dar tudo errado. Se não começar, já deu tudo errado.

E, assim, deixamos as propostas, as possibilidades, o tempo passar. Vemos as pessoas caminhando e pensamos: "Tem alguma coisa nessa gente que falta em mim e eu não consigo entender o que é". De repente, o que falta em você pode ser a atitude de começar agora. Ou entender o cenário que você tem, por mais caótico que ele seja.

Dê o seu melhor no pior cenário até que haja um cenário melhor. Essa frase deve estar estampada diante de você. Escreva na parede da sua casa, ou coloque como proteção de tela do smartphone. Entenda e internalize isso.

Você tem que estar entre as pessoas que preferiram começar, porque não começar já é um erro. Você precisa começar em todos os níveis. Em toda caminhada. Literalmente, toda caminhada começa do primeiro passo.

Por mais que se impressione com as histórias das pessoas de sucesso, você precisa entender que todos nós um dia começamos, todos nós um dia demos o nosso primeiro passo.

Às vezes, a sua força vai ser usada não só para começar a caminhar. Pode ser que você precise superar o trauma de ter começado e dado errado. Pode ter errado na ideia, na proposta, no público-alvo, na estratégia. Pode ser que, no seu caso, a trava não tenha a ver com começar, mas com recomeçar. Recomeçar às vezes é muito mais difícil do que começar.

Temos menos tempo, menos força, menos controle emocional e acreditamos naquilo que ouvimos, isto é: se não conseguimos nada até agora, não era pra ser.

Muitas vezes, a pessoa está com 35 anos e começa a ficar desesperada. Na sua mente ela acredita que não vai conseguir.

"Até quando?" Você ouve isso e a mentalidade vai ficando mais fraca, e você não tem coragem de recomeçar. E, se não começar já é um erro, não recomeçar depois de errar é o segundo.

É preciso voltar para o ringue, é preciso levantar, é preciso juntar os cacos e voltar para a arena. Você tem que estar lá em cima lutando. Sua vida, seus projetos. É preciso ter coragem para dar certo. É preciso renunciar a algumas coisas, conquistar conhecimento, ir para alguns lugares.

Você tem que se afastar de algumas pessoas, mudar práticas, parar de pensar e começar a agir.

Você tem que começar a jogar, tem que entrar em campo, tem que iniciar a partida. Fazer isso não pode ser opcional pra você, até porque, se for opcional, vou repetir o que já falei: é privilégio, e pode ser que os privilégios te impeçam de começar. Eu não comecei porque era melhor que você: comecei porque não tinha privilégio, porque não tinha escolha, porque no meu caso não era opcional. Ou eu começava e corria o risco de dar tudo errado ou já estaria no erro por não ter começado. Então eu comecei. E deu no que deu.

95

E aí? Depois de saber que se não começar já estará errando feio, você vai ou não começar? Jamais se esqueça de que tem um negócio chamado tempo correndo contra você, e esse negócio corre bem mais rápido do que você imagina. Portanto, comece e dê o seu melhor. Mesmo que ainda não tenha o melhor cenário.

O que é a coragem?
É a certeza da existência
do medo, aliada ao meu
desejo de seguir em frente.

REGRA 7
O NEGÓCIO NÃO É SEU, É DO CLIENTE FINAL

Se você chegou até a regra 7, é sinal de que está avançando, mas eu preciso que você saiba de uma coisa: o negócio não é seu.

Assustado com isso? Pois é: o negócio é do cliente final.

Por incrível que pareça, nem você, nem eu e nenhuma outra pessoa trabalha para si próprio. Essa história de empreender só para ser o seu próprio patrão às vezes se transforma em uma bola de neve.

Muitos estão iludidos com a tal da liberdade, acreditam que terão autonomia total de tempo, que vão poder começar a trabalhar na hora em que quiserem, fechar na hora em que desejarem. A tal liberdade de tempo e de horário parece sedutora. E a pessoa acredita que poderá folgar ou viajar conforme a sua vontade.

Na verdade, tem muita gente trabalhando para si própria mais por causa dos benefícios de não ter patrão do que pelo negócio propriamente dito.

É só fazer uma breve pesquisa entre as pessoas que você conhece que abriram o próprio negócio. A maioria vai responder que não quer ter patrão ou alguém lhes dando ordens. Pessoas que não aguentam mais acordar cedo e dormir tarde.

As justificativas serão sempre nessa linha. E esse é um dos erros mais grosseiros que você pode cometer. Primeiro, porque você não é seu próprio patrão. Começa daí.

O patrão é o cliente final. É ele que manda. Se você olhar com precisão cirúrgica, vai perceber que ele define tudo.

É o cliente final que dá as cartas. É ele que define se vai comprar o produto ou serviço na sua mão ou na mão do seu concorrente. Ele define qual é o melhor horário para abrir e fechar sua loja, ele define qual é a melhor forma de pagamento. Ele define qual é a melhor localização para o seu negócio. Ele define se prefere comprar no presencial ou no on-line. Ele define praticamente tudo. E digo mais: ele define tudo isso no detalhe.

É nos mínimos detalhes que você ganha um cliente ou o perde de vez para o seu concorrente. Portanto, trate cada um que entrar em seu estabelecimento da mesma maneira que você gostaria de ser tratado. Se não fizer isso, você não terá clientes; terá apenas compradores. E quer saber de uma coisa? Comprador compra de qualquer um.

Se você não entendeu a diferença entre cliente e comprador, eu vou te explicar.

O COMPRADOR

É aquela pessoa que está na rua, indo para algum lugar ou vindo de algum lugar, e de repente vê sua loja, entra nela de maneira aleatória e faz contato esporádico.

Não é uma pessoa que está fidelizada.

O comprador é aquele que precisa comprar uma caneta, mas não necessariamente precisa comprar essa caneta na sua mão. Ele vai definir de quem vai comprar a caneta que quer, até que alguém o fidelize.

Não é alguém comprometido. Ele não tem vínculos. Compra pelo preço, pela localização ou pela comodidade. Busca vários mecanismos para comprar.

O vendedor precisa saber disso e começar um processo de fidelização desse comprador. Esse processo às vezes é lento; começa por um "bom dia", um "boa tarde", um "boa noite", um sorriso, um brilho no olhar, um "qual é o seu nome?" – e você responde se apresentando.

O comprador percebe todos esses atos, e isso pode ser primordial para que ele vá se abrindo aos poucos. Ele é como uma rosa que precisa desabrochar, mas que às vezes é tão malcuidada que acaba não conseguindo chegar a essa condição. O vendedor precisa ser o cara que vai cuidar dessa rosa. Só que para cuidar ele primeiro precisa querer de verdade. Tem que regar todos os dias, como se fosse única, e lutar com todo o seu empenho para que ela desenvolva o processo total de ser uma rosa, linda porque foi cuidada, porque alguém zelou por ela.

Você precisa ser esse alguém. Já ouviu falar que planta sente? Pois é! O comprador é como um planta: ele sente se está ou não sendo bem cuidado. Pode apostar que sente. E, se você não cuidar, ele certamente encontrará alguém que cuide.

Sabe aquela esposa ou marido, namorado ou namorada de quem você não cuidou? Pode apostar que vai encontrar alguém que cuide. Sabe aquele cachorro que você abandonou por falta de intenção de cuidar? Pode apostar que ele vai encontrar alguém que cuide. Sabe aquele carro que você deixou cair aos pedaços? Pode apostar que ele vai encontrar alguém que cuide.

Em vendas é a mesma coisa. Sabe aquele comprador que você não fidelizou ou aquele cliente que, mesmo depois de fidelizar, você esqueceu de seguir cuidando? Pode apostar que ele vai encontrar alguém que cuide. Vender não é apenas emitir boleto, embalar produto, realizar serviço. Vender é alma, vender é sentimento, vender é amor, vender é entrega, vender é reciprocidade. Vender é cuidar.

Vender é como brincar em uma gangorra: não tem como fazer sozinho, você precisa do comprador para essa brincadeira acontecer. Se não fidelizar o comprador, ele vai embora e a brincadeira para. Então, você precisa fidelizar. É aí que nasce o cliente.

O CLIENTE

O cliente é aquela criança que aceitou ser o seu eterno companheiro na brincadeira da gangorra. Não interessa quantas outras crianças o chamem para brincar, ele não vai. Ele fica com você, vai até você, ele espera por você, ele se sente completo brincando com você. Ele encontrou em ti a verdade, a companhia, a orientação, a vontade, a sinceridade, a sede de fazer a coisa acontecer.

Ele viu em você alguém que joga junto, que quer vender, mas que se relaciona antes de vender, que se compromete antes de vender, que respeita antes de vender, que acolhe antes de vender, que entende antes de vender, que explica antes de vender.

Ele encontrou quem cuida do botão, quem está disposto a regar por quanto tempo for necessário até que dali surja a mais perfeita e linda das rosas. Ele encontrou seu eterno companheiro para a gangorra. Quem entender isso terá desvendado o mistério maior do mundo das vendas, que nada mais é que cuidar, zelar, amparar e, por fim, fidelizar. Compor uma carteira de clientes e aí sim entrar de uma vez por todas em campo, com condições reais de vencer a partida.

Em resumo, todo mundo que entra no seu estabelecimento a princípio é apenas um comprador, mas nem todo comprador é cliente, e a função do vendedor não é vender para compradores, mas sim transformar compradores em clientes.

Se não tem uma cartela fixa de clientes, você não tem um negócio, mas sim uma eterna "operação tapa-buraco".

Todos os futuros clientes chegam como meros compradores. E aí que entra a sua expertise em vendas.

Nessa regra do jogo é importante entender que o fator venda deve estar pulsando dentro de você. Mas infelizmente essa realidade está distante. O motivo é bem simples: o vendedor é alguém desacreditado, e no Brasil essa profissão é discriminada até pelo próprio vendedor, o que se torna um problema enorme.

Nove entre dez pessoas que trabalham com vendas odeiam vendas. Acredita nisso? Nove entre dez pessoas que trabalham com vendas acreditam naquilo que falaram a vida inteira pra gente quando perguntavam: "O que é um vendedor?". Passamos a vida ouvindo que vendedor era a pessoa que tinha tentado tudo nesta vida sem conseguir nenhum êxito. Então, o que restou para essa pessoa foi trabalhar com vendas. Isso é uma mentira descabida. Não acredite nisso; se acreditar, você vai estar entre as pessoas que acreditam que trabalhar com vendas foi o que restou – e com certeza você vai odiar trabalhar com "o que restou".

NÃO É DOM, É TÉCNICA

O que muitos não sabem ou insistem em ignorar é que literalmente tudo é venda.

"Ah, Rick, desculpe, eu não trabalho com vendas. Sou advogado." Você trabalha com vendas: você tem que vender a sua habilidade de pegar uma causa e resolver.

O médico fala: "Perdão, mas sou cirurgião. Eu não trabalho com vendas". Você vende, sim. Vende a sua habilidade de fazer cirurgias.

"Eu tenho um emprego CLT." Você vende horas.

"Ah, eu sou concursado." Você vende o saber para ocupar aquela vaga, além de também vender horas.

Eu poderia citar "n" exemplos. Mas creio que não é necessário, afinal basta ter uma visão um pouco mais apurada para perceber que todas as pessoas vendem o tempo todo.

Todos estamos vendendo algo. Saber disso na regra 7 do jogo é muito importante, porque os vendedores que gostam de vender – e estamos falando de um em dez – são aqueles que têm uma real possibilidade de alcançar o extraordinário pelo simples fato de amar a venda.

E tem uma coisa que precisa ser desmistificada: venda não é dom, venda é treinável. Você aprende a fazer.

Literalmente qualquer pessoa tem condições de aprender, desde que dê o máximo de empenho para isso.

Aprendendo a vender, você vende qualquer coisa. Vende inclusive o seu conhecimento sobre vendas.

Eu vendia água com quarenta anos de idade porque sabia vender qualquer coisa. Mas, para vender qualquer coisa, eu treinei dos sete aos quarenta. Hoje, o que me disponho a vender eu vendo.

Entender isso é crucial na regra 7, porque, quando entende que é preciso amar a venda, você passa a ver a venda em tudo, passa a respirar venda, a estudar venda, a observar quem já vende e a aprender com essas pessoas.

Sem perceber, se coloca na condição de que jamais deveria ter saído, que é a condição de aprendiz, e aí sim a coisa começa de vez a fluir.

Você começa a unir a intenção à estratégia. Sua intenção é vender, e sua estratégia é se relacionar para vender. Pelo menos a minha estratégia era, é e sempre será se relacionar para vender.

A estratégia que eu usava para vender era saber me relacionar. E para saber me relacionar eu tive que treinar. Ou seja, relacionamento também é treinável.

Quem não tem uma boa estratégia só consegue vender para compradores. Para alcançar sua cartela de clientes você terá, sim, que se relacionar bem.

É por isso que estou falando de vendas. Quem não tem estratégia vende para comprador. Quem não tem estratégia vende por vender.

A partir do momento em que eu soube que, quanto mais me relaciono, mais eu vendo, percebi que 20% é talento e 80% é relacionamento. E aí eu comecei a trabalhar em mim a ideia de me relacionar melhor com as pessoas. Para fazer isso funcionar, eu precisava me tornar um grande comunicador, então percebi também que comunicação é algo treinável.

E eu fico atento para não ficar apenas tirando pedido.

Sou alguém que trabalha na mentalidade da pessoa para que ela deixe de ser um simples comprador e passe a ser um cliente. Porque eu me relaciono com essa pessoa. Uso o relacionamento como estratégia para vender para um comprador. E essa pessoa sai da casa dela pensando em mim; durante um almoço de domingo, quando alguém pergunta sobre vendas, ela mais uma vez fala sobre mim e indica meus serviços.

A venda deixa de ser mecânica e passa a ser afetiva. Ganha um valor emocional. Marca o cliente, que se torna fidelizado pelo processo que o levou até o seu produto ou serviço.

E não é só o brilho nos olhos e o sorriso estampado no rosto que fazem essa matemática dar certo. Não é só a alegria e o borogodó. É a técnica que faz você saber unir todos esses fatores e combiná-los com uma boa comunicação e um jeito especial de mostrar para aquela pessoa o quanto ela é importante.

Essa pessoa se torna mais que um comprador. Ela se torna um divulgador do seu negócio pelo simples fato de ter sido conquistada.

Quando isso acontece, você descobre que deu o seu melhor, que se doou 100%, 200%, 300%. Você descobre que fez muito mais do que tirar um pedido, executar um serviço ou oferecer um produto. Você foi além.

Um em cada dez que conseguem resultados extraordinários em vendas é aquele que se relaciona. É o que conduz. É quem vai além. É quem fez sua cartela de clientes e, a partir dali, se propôs a cuidar dessa cartela diariamente.

Um sonho.

A cartela de clientes diz que você tem um negócio e te diferencia do seu concorrente que trata as pessoas como compradoras. A cartela de clientes lhe possibilita começar a pensar em voos maiores.

Se você só tem compradores, não tem um negócio. Você tem uma operação tapa-buraco. Você criou seu negócio para oferecer um produto ou serviço, e sem cartela de clientes você está só tapando buracos. Tem dia que vende, tem dia que não. No dia em que vende, você mata a fome. Só que a fome volta amanhã. E amanhã, se não aparecer gente, você não tem como matar a sua fome. Então, você come menos e tapa somente parte do buraco. Até quando você vai ficar nessa?

Quando você passa pelas regras 5 e 6, o jogo fica mais sério.

Já que entrou no jogo, saiba que o negócio não é seu. É do cliente final.

E é aí que eu te pergunto: até quando você vai tentar desenvolver seu negócio sem a expertise do relacionamento e da comunicação?

Até quando vai abrir a boca para dizer que "odeia vendas" e só está trabalhando com isso até conseguir algo melhor?

Até quando?

É sério que você acredita que existe alguma coisa melhor do que trabalhar com vendas?

Vou te contar uma coisa: se você aprender a vender, desenvolver a expertise em vendas e aprender a formar equipes de venda, e se aprender a coordenar equipes de vendedores e depois a formar líderes que vendem... Nesse dia você terá ido para o extraordinário. E ninguém mais vai parar você.

Não fique na eterna operação tapa-buraco.

Não seja aquela pessoa que só quer deixar de ter um patrão.

As pessoas que conseguem voar e permanecer voando, subindo mais alto em seus voos, são aquelas que entenderam que precisam tratar o cliente final da maneira como gostariam de ser tratadas.

Então, corra e forme sua cartela de clientes. Sem isso você nunca terá um negócio.

NA VOLTA A GENTE COMPRA?

Não sei se você já parou para raciocinar sobre a importância disto: tratar da maneira que quer ser tratado no mundo dos negócios.

Para começar, vamos resgatar sua memória: você lembra de todas as vezes em que entrou num estabelecimento comercial, desde a época de criança, e imaginou que poderia ter sido melhor atendido?

Será que você se lembra de quando entrava com a sua mãe em uma loja, rodava a loja toda com ela, e no final sua mãe – por não ter dinheiro – dizia "na volta a gente compra"? E o vendedor não dava a mínima para essa reação?

Mal sabia o vendedor que, conversando com a sua mãe, podia ser que efetivamente ela fizesse aquela compra na volta. Ou que pelo menos pensasse a respeito.

Mal sabia o vendedor que, se ele fosse solidário com a sua mãe, até pode ser que ela não viesse "na volta" para comprar, mas quem sabe no dia do pagamento ou do décimo terceiro?

Quem é você no seu negócio? Aquele que desiste quando vê o cliente dizer "na volta eu compro"? Ou você entende que aquele cliente pode realmente voltar?

Talvez você também tenha passado por situações do tipo: entrar em uma loja e perguntar ao vendedor, educadamente, se ele tem uma camisa tamanho M e ele diz que não e ponto-final, sem tentar resolver de alguma forma e/ou te oferecer mais nada. Quando o vendedor faz isso, ele praticamente te joga no colo do concorrente.

Como você se comporta quando um comprador chega no seu estabelecimento e pergunta por algo que você não tem? Já parou para pensar que tudo aquilo que você viu de mau atendimento na sua própria vida poderia ter sido revertido em bom atendimento a partir do momento em que você está no mundo dos negócios?

Você esqueceu de praticar um atendimento melhor quando se tornou proprietário de um estabelecimento? Pense na frase que eu falo quando estou com uma garrafa de água na mão: "Dizem que meus olhos brilham quando eu falo de você".

Já parou para pensar se seus olhos brilham quando você fala da unha que faz, do cabelo que corta ou da trança que faz, da comida que você oferece?

Será que, além de um produto ou serviço, você tem brilho no olhar?

Já parou para pensar se você consegue encantar o cliente por meio do relacionamento? Se consegue criar uma conexão com ele? Isso antecede a venda.

Quando eu falo que sou o resultado dos "nãos" que dei para os "nãos" que me deram, quero dizer que, apesar de saber que os "nãos" que recebia eram reais, eles nunca me pertenceram. Era a gana de ir em busca do *sim* que me movia.

Todos os "nãos" que recebi ao longo da minha caminhada foram tábuas que construíram uma ponte extensa, e essa ponte me fez atravessar um oceano de adversidades até que eu chegasse no *sim*, lá do outro lado da ponte. Eu estudava cada *não*. E é daí que vem parte do meu destaque. Eu estudo o resultado adverso assim que ele surge à minha frente.

É NO DETALHE QUE A COISA ACONTECE

Eu não me revolto com os "nãos". Muito pelo contrário. Assim que os tomo, eles passam a se tornar aulas. E aí entra em cena minha técnica de extrair algo de bom de qualquer coisa aparentemente ruim que me aconteça. Quando você também passar a ver o *não* por essa ótica, vai ver que ele não é completamente ruim, mas sim algo a ser estudado até que seja entendido.

Por que motivo o cliente não quis comprar a minha água hoje? Onde eu errei? Foi no produto? No brilho do olhar? No encantamento? O que faltou?

Por que não consegui concluir aquela venda e alcançar a meta hoje? Será que busquei ser melhor do que era ontem?

Será que estou me relacionando com esse cliente ou só estou tirando pedido? Será que estou só passando o preço?

Será que de fato estou praticando um atendimento diferenciado? Diferente do que recebi ao longo da minha vida e que me desagradou?

Será que de fato sou digno de as pessoas olharem para meu negócio e enxergarem que ele tem alguma coisa de diferente?

Será que você pode melhorar um pouco hoje? Certamente pode. E deve.

Um detalhe leva o cliente a comprar ou não comprar o seu produto ou serviço. Pode apostar nisso. A escolha do cliente acontece no detalhe. Portanto, seja detalhista.

Ele fica contigo por um detalhe, ele te indica por um detalhe, ele vai para seu concorrente por um detalhe.

E é no detalhe que a coisa acontece. É ali que ele salta de ser comprador para ser cliente.

A soma de pequenos detalhes é o que faz o seu negócio ser grande. Então, pergunte a si mesmo: qual o seu diferencial? O que levaria uma pessoa a escolher entre você e o seu concorrente?

Faça a si mesmo essa pergunta e encontre dia após dia uma nova maneira de fazer a mesma coisa. Ocupe todos os espaços, todas as lacunas. Observe o presencial, o on-line. Seja lá qual for o seu produto ou serviço, disponibilize-o no presencial e no on-line. Saiba que vender apenas no presencial te faz deixar muito dinheiro na mesa, assim como vender apenas no on-line te leva a deixar muito dinheiro na mesa. Você deve ser um exímio perito em ocupar literalmente todos os espaços. Reveja seu posicionamento. Saiba agir, perceber, aprenda com os erros e corrija-os.

Você tem que ser o cara que foi na frente e bebeu água limpa.

Você tem que ser um mestre na arte de se antecipar.

Isso é ser o primeiro. E tudo isso vai ao encontro da necessidade de se empenhar mais do que os demais. Ter mais fé que os demais. Se entregar mais que os demais. Ter mais foco e determinação que os demais. Mais vontade de alcançar o extraordinário que os demais. Você precisa olhar todos os dias para o seu negócio e encontrar nele aquilo de que sempre sentiu falta todas as vezes em que entrou numa loja como comprador ou cliente.

Não se esqueça que, em todos os lugares aonde você chegar, o seu negócio deve chegar na frente. Mesmo que seja numa resenha de família. Porque sempre tem alguém que pode comprar seu produto ou serviço, e essas pessoas precisam saber sobre a sua área de atuação.

Nunca se sabe se aquelas pessoas estão buscando o seu serviço. Se você não se apresenta, como vai saber que aquelas pessoas buscam o seu tipo de serviço?

Sempre diga o que faz, onde quer que você estiver. Faça a informação chegar até as pessoas. Não perca uma única oportunidade de levar seu negócio para elas.

Falar do seu negócio todos os dias pode mudar o seu resultado.

Essa regra é muito importante. Mas jamais esqueça a diferença brutal que existe entre informação e conhecimento.

INFORMAÇÃO é tudo aquilo que chega até você.

CONHECIMENTO é a parte que você aplica em seu dia a dia.

Ou seja, tudo que você leu até aqui foi apenas informação. O que vai valer é o que você vai absorver e aplicar no seu dia a dia, e aí sim isso vira conhecimento. Pegue tudo o que está lendo e vá para a prática. Se você conseguir, vai estar criando um diferencial gigantesco.

E aí os demais é que vão ter que correr para te alcançar.

O diferencial está na gana, na sede de alcançar, na vontade e coragem de pagar o preço, na escolha de estourar suas bolhas, no visível brilho do seu olhar. O diferencial está em tudo que você faz além do que fazem os seus concorrentes.

Está tudo dentro de você. É só praticar. Você sabe. É só praticar.

Com esses ensinamentos, espero que um dia eu possa chegar de surpresa no seu negócio e me deparar com alguém que me representa como pessoa, como negócio, como continuidade.

Pessoas que encantam pelo simples fato de existirem.

Para tomar da minha
água gelada,
tem que ter passado
sede ao meu lado.

REGRA 8

APOSTE 90% DAS SUAS FICHAS EM PESSOAS QUE NUNCA TE VIRAM

Muitas vezes, as pessoas que estão mais perto de você vão esperar seu negócio ser validado para começarem a apostar em você.

Embora meu pai sempre tenha me apoiado em tudo que fiz, eu sempre tive a noção de que o mundo lá fora não funcionava desse jeito. Na minha família, o discurso era o seguinte: "Se por um lado vocês não têm muitos recursos materiais, por outro lado vocês têm uns aos outros". Isso nos dava uma certa vantagem perante muitos que, assim como nós, estavam no caos da miséria. Ter uns aos outros na adversidade é algo raro e muito precioso.

Nesse cenário, ter uns aos outros é muito mais importante do que ter recursos materiais.

Só que, infelizmente, na ampla maioria dos casos, a falta de apoio é nítida, e o motivo é muito simples. As pessoas de perto querem até te ver bem, desde que te ver bem não signifique te ver melhor do que elas. E isso significa que muitas vezes, quando te veem começando a alçar voo, elas ficam levemente incomodadas.

Sabia que nem todo amigo ou familiar quer te ver ganhando mais do que ele?

Não estou falando só daquela tia que você acha invejosa e que você sempre teve certeza de que torcia contra suas empreitadas, daquela que procura até encontrar pelo em ovo só para ter um motivo pra te diminuir. Ou daquele amigo que estudou contigo no colégio e hoje não aceita o seu avanço. Na verdade, pode ser que você esteja literalmente dormindo com o inimigo. Isso mesmo que você leu.

117

Às vezes é o marido, noivo, namorado, a esposa, noiva, namorada. Talvez você esteja deitado ou deitada ao lado de alguém que torce contra você e maquia esse sentimento, fingindo que está te apoiando.

Eu prefiro um inimigo declarado, alguém em quem eu sei que tenho que ficar de olho, do que gente que está perto e finge que está somando ao meu lado.

No meu primeiro livro, *Pega a visão*, eu digo que: "Aquele que não se fortalece enfraquece a energia do fortalecido". E você pode estar ao lado de alguém que quer te enfraquecer.

Muitos casos que conheci eram exatamente assim: a pessoa dividia os planos e sonhos com aquele que estava ao lado e não via que era exatamente quem estava ali que tentava limitar sua área de atuação.

Será que quem está ao seu lado está somando ou te sugando? Existe uma diferença atroz entre as duas situações. Até porque, se não for para somar, que suma! Simples assim.

MANTENHA DISTÂNCIA DA SUA ÁREA

A inveja nasce na intimidade. Quando você entende isso e percebe que quem torce contra está perto, e que muitas pessoas não querem te ver melhor do que elas, aí a brincadeira começa a ficar gostosa, porque você entende a necessidade de voar.

E é necessidade mesmo. Às vezes, nem é vontade. É uma necessidade de ficar longe dessa galera que torce contra.

As pessoas de longe não têm motivo algum para te invejar.

As pessoas do seu bairro adoram o Rick Chesther, e o motivo é muito simples: o Rick Chesther não é do seu bairro.

Muitos daqueles que você conhece vivem postando fotos de personalidades, mas não têm coragem de olhar para a manicure que estudou na mesma sala e dizer: "Quem diria que você ia ter esse resultado aqui no bairro, hein?!".

Só que, no bairro em que ninguém te conhece, isso vai acontecer com naturalidade. É capaz de você abrir um negócio lá e passar alguém que você nunca viu e te agradecer por você ter aberto aquele negócio ali.

O motivo é muito simples: aquela pessoa não te conhece nem tem motivo para te invejar. Ela vai comprar seu produto ou serviço pelo simples fato de precisar ou porque aquilo faltava no bairro. Ela não tem motivo para não comprar. Pode ser até que ela te sugira ideias e melhorias e interaja com você, porque ela não tem motivo algum para invejar o seu negócio. Ela nunca te viu e nem sabe quem é você. Ela vai te amar de cara.

Pode ser que eu esteja contando a sua história.

Se você estiver se identificando com isso, grife, tire uma foto da página, poste nas redes sociais e me marque. Vou fazer questão de compartilhar. Eu preciso saber se você se identificou com o que estou falando.

Se você der uma pesquisada mínima, vai perceber que a maioria das pessoas com resultados extraordinários precisou se afastar do lugar onde nasceu. Não é coincidência. Pode apostar.

Toda essa tropa, por mais que nunca tenha pronunciado nada do tipo, sabe que é mais complexo vender perto de casa.

Você tem que voar. Se não voa, perde a oportunidade de conhecer novas pessoas, e aí você tem que trabalhar com o trauma com que essa galera trabalha. E precisa engolir coisas que de repente você nem seria obrigado a aceitar. Tudo por causa da sua falta de vontade e tato de jogar uma mochila nas costas e dizer "partiu".

Não estou falando para sair de casa ou morar fora, mas de partir para abrir um negócio fora da região onde nasceu e foi criado.

Quando você entende que a intimidade dos mais próximos pode estar atrapalhando, muitas vezes é hora de voar. Pegar a mochila e ir embora. Gente de perto não atrapalha apenas por não comprar, não acreditar ou não sonhar junto. Às vezes, essas pessoas atrapalham por tirar o seu foco, por roubar seu tempo com coisas que não condizem com o que você busca para sua vida, ou algo do tipo.

Essa regra tem que ser praticada diariamente.

E o exercício para você, hoje, é conhecer cinco novas pessoas. Apenas cinco. Você vai falar do seu negócio para essas cinco pessoas e tentar concluir uma venda com pelo menos uma delas.

"Mas, Rick, se eu conhecer cinco pessoas, por qual razão não vendo para as cinco?" Temos que ser realistas: você não vai conseguir.

Eu não aprovo a linha da positividade tóxica do "vai dar tudo certo", que sempre uma conta de dois mais dois são quatro. Preciso ser realista com você. Você tem que lutar para conhecer mais pessoas e se dar por satisfeito se conseguir vender para apenas parte delas.

Dependendo do brilho no olhar que você tiver naquele dia, pode ser até que, quando aquela pessoa chegue em casa, mesmo sem comprar seu produto, ela se lembre de você.

Se quiser ser ainda mais arrojado, fale com dez pessoas e tente vender para seis. Ou fale com trinta e venda para dez. Exercite isso todos os dias da sua vida no mundo dos negócios.

Tire um tempinho hoje e curta o post de um cliente que comprou algo seu. Curta o post do aniversário do filho daquela pessoa. Curta a foto que a pessoa colocou sobre a viagem que fez com o companheiro. Não comente só a foto da unha que ela fez com você.

Isso é estratégico. Se você só curte ou comenta a foto que ela postou sobre a unha que fez contigo, você demonstra que seu interesse está apenas ali, e, se a pessoa perceber isso, pode apostar que ela vai embora.

OS DESCONHECIDOS APOSTAM EM VOCÊ

Você tem que voar. Se você não voa, perde a oportunidade de conhecer novas pessoas, e aí tem que trabalhar com o desgaste mental de ouvir coisas que não precisaria ouvir ou engolir o que não quer.

Vou te dar um exemplo que, se você não passou, é porque ainda está engatinhando no mundo dos negócios. Guarde isso! Um dia você vai se lembrar de ter lido aqui, pois estou certo de que vai enfrentar essa situação.

A ideia é apenas mostrar um dos inúmeros exemplos que eu poderia dar aqui para te provar que "Gente de perto é mais complexo do que podemos imaginar." Vamos lá!

Você abriu seu negócio agora. Está radiante, feliz. Uma realização pessoal e profissional daquelas. Por saber o seu valor, você já estabeleceu o preço do produto ou serviço e quer botar pra quebrar.

Aí, aquele cara que está perto, o conhecido, o "amigão", aquele que você costuma chamar de "fechamento", sabendo o quanto você cobra pelo seu trabalho, vem usar da proximidade e intimidade para tentar um "precinho especial". Algo bem abaixo da realidade do mercado.

Sua prima, que viu seu corre, que viu o quanto você investiu em livros, se qualificando para conquistar seu tão sonhado negócio, chega e diz: "Poxa, cem reais tá muito caro. Tem como fazer por cinquenta? Sou sua prima".

Aí você entra num impasse. Se disser que "não tem como", ela vai dizer "credo, sou eu, sua prima" e vai te levar para o lado emocional: "Tudo bem cobrar cem reais de um estranho, mas nós crescemos juntas, poxa vida".

E, então, chega um estranho que você nunca viu. Você passa o preço, ele pensa e depois tenta negociar – até porque a negociação saudável faz parte do mundo dos negócios, desde que ela não seja covarde. Desde que não seja baseada na chantagem emocional ou no uso indevido do fator proximidade, intimidade.

A pessoa estranha pode te fazer uma oferta e dizer: "Não dá para chegarmos na casa dos noventa?".

Percebeu a diferença? Essa pessoa tem o discernimento de ver que você está executando o seu trabalho. E aquele que te conhece de perto não tem discernimento algum. Ou até tem, mas se finge de bobo pra viver. Ele só quer levar vantagem pela proximidade e tentar tirar proveito da sua vulnerabilidade.

Se você não ficar atento, isso vai acontecer o tempo todo.

Você não tem ideia da quantidade de mensagens que recebo de pessoas que moraram no mesmo bairro que eu e eram próximas a mim. São mensagens cobrando que eu lhes dê alguma coisa.

Geralmente, elas dizem assim: "Eu soube que você esteve por aqui e nem deixou um livro pra mim... ficou rico e esqueceu dos amigos".

Se você não está preparado, fica emocionalmente abalado e chega até a se questionar: "Será que eu mudei de verdade?". E é isso que essas pessoas querem fazer com seu psicológico. Te abalar emocionalmente é uma das maneiras de te deixar mais fraco.

Só que, se é uma pessoa que eu não conheço e que vê nas minhas redes que eu estive perto da sua casa, ela manda uma mensagem diferente – diz que queria comprar meu livro, que gostaria de ter me conhecido pessoalmente, pergunta se vou fazer uma palestra na região em breve.

Quem teve acesso a você quer tudo de graça. Na mente daquela pessoa, você tem a obrigação de dar de graça aquilo que faz ou produz, porque ela acredita que, como teve certa intimidade com você, pode pedir o que quiser. Mesmo que custe o suor do seu rosto ou traga o pão para a sua mesa.

Esse tipo de comportamento leva as pessoas a alcançarem resultados longe de seus locais de origem e a não frequentarem mais os lugares onde estão os sanguessugas, aqueles que só querem pedir e não oferecem qualquer ajuda ou que simplesmente não querem pagar por seu negócio ou serviço.

Hoje eu frequento os lugares por onde morei com muita tranquilidade.

E você vai passar por coisas do tipo se quiser o extraordinário. Então, se prepare para dizer não com tranquilidade para quem não quer valorizar o seu trabalho. Se prepare para ver gente de perto te pedindo de graça e ver gente de longe te pagar sorrindo.

Eu sempre falo: "Não me peça de graça o que traz o pão para a minha casa, o que me custou anos de estudo. Não me peça de graça o que tive que lutar muito para aprender e que hoje é um ofício que me permite ter a vida que tenho".

Gente de perto, com dinheiro no bolso, vai te pedir fiado. Você vai perder o serviço, o produto e o dinheiro porque tem medo de dizer não. E quem está longe vai dar um jeito de te pagar.

Mas há um detalhe importante: é necessário ficar bem atento para lidar com os lobos em pele de cordeiro.

Explico: conheço muita gente de perto que começa te pagando um valor justo. E vai armando a casa para te dar um bote, preparando o terreno para lá na frente te dar um prejuízo daqueles que abalam as estruturas do seu estabelecimento. E, depois, ainda continua convivendo contigo como se nada tivesse acontecido, porque acredita que você vai "perdoar" a dívida, já que vocês foram amigos na infância.

Todos esses exemplos são para te abrir os olhos e te dizer da importância de apostar suas fichas em gente de longe. Sem rebeldia.

E vou te dizer: caso você ainda esteja vendendo para gente de perto e não tenha a opção de vender para quem está longe, cuidado para não vender fiado para essas pessoas. E saiba cobrar caso cometa a falha do famoso fiado. Normalmente, quem vende fiado não sabe como cobrar. E aí a tal da intimidade faz com que a pessoa que compra fiado não te pague e ainda transite na sua frente como se nada estivesse acontecendo.

Tudo isso nasce perto. Na intimidade. São façanhas de pessoas que cresceram com você.

A inveja nasce na intimidade; o calote e a traição nascem na intimidade. Tudo isso só reforça a tese de que você precisa apostar 90% das suas fichas em pessoas que nunca te viram. Se você me acompanha nas lives, já me viu muitas vezes falando sobre isso.

Tome esse cuidado. Eu, no seu lugar, apostaria 90% das fichas em pessoas que nunca te viram.

Você pode até dizer que seus amigos são diferentes. Mas chega um momento em que descobre que a sua galera é ainda pior. Eu te entendo: eu também acreditava que a minha galera era a melhor do mundo. Eu, assim como você, já coloquei a mão no fogo por muita gente que quebrou as minhas pernas. Por isso te entendo.

Só que, como Deus não dorme, ele deu um jeito de me afastar de todos eles, e hoje eu não apenas faço questão de apostar minhas fichas em conhecer pessoas como faço questão de alertar vocês sobre essas coisas.

Concluo este capítulo afirmando que, para alcançar o extraordinário, você precisa, sim, ser muito bom. Mas, para alcançar o extraordinário fazendo negócios perto da sua casa, você vai precisar ser duas, três, quatro vezes melhor.

Cuidado, muito cuidado, pois a inveja nasce na intimidade.

Quando você entende que
a intimidade dos mais
próximos pode estar
atrapalhando, muitas
vezes é hora de voar.

REGRA 9
SEJA UM APAIXONADO PELO PRÓXIMO NÍVEL

Temos mania de achar que tudo está bom, que tudo está resolvido. Isso em todos os sentidos de nossa vida.

Quando falamos de alcançar o extraordinário, não estamos falando apenas do mundo dos negócios. Simplesmente queremos alcançar situações extraordinárias. E, se tem uma coisa em que muitos brasileiros falham, é na questão "comodismo".

O brasileiro é muito acomodado. Assim que conquistam alguma coisa, nove em cada dez vão para uma situação de comodismo que chega a ser medonha, e isso impede muitos de passar dos primeiros degraus que poderiam ter conduzido essas pessoas a uma situação mil vezes melhor do que a atual.

Um jovem tem vontade de começar a trabalhar, e aí ele arruma o primeiro emprego para ganhar um salário mínimo. Ele se contenta com o tíquete-refeição, com o vale-transporte e com o cartão-alimentação.

Aí, ele acredita que vai conquistar suas coisas.

A princípio, devemos comemorar o fato de conseguir nosso primeiro emprego, ter um vale, um tíquete, um cartão-alimentação. A princípio, devemos comemorar sim. Mas, se você não se policiar, vai ficar parado no tempo – durante dez anos. Porque, na sua maneira de ver a vida, você só consegue enxergar que está empregado e que tudo se resolveu.

Também existem outras situações que podem te estagnar na vida. Você faz um curso ainda jovem, conclui esse curso, recebe o diploma e quer abrir seu negócio. Você diz: "Ufa! Me formei! Não aguentava mais estudar".

E começa a morrer acreditando que não tem mais nada a ser aprendido porque está com o diploma na mão. O dia em que você sai da condição de aprendiz é um dia que te enterra.

No dia em que você acredita que existe um negócio chamado "topo" e que não dá para passar dali, você começa a morrer. Então, o diploma que a princípio te trouxe um ofício rapidamente passa a ser um problema na sua caminhada, porque você acredita que "já está de bom tamanho".

Se você quer chegar em algum lugar, tem que ficar a vida inteira na condição de aprendiz.

Serão setenta, oitenta, noventa anos sendo aprendiz.

Mas a galera não consegue. A galera tem a mania de se formar acreditando que isso nos capacita para o resto da vida.

SEMPRE UM APRENDIZ

Quem abre um negócio e se contenta com os clientes que tem está com os dias contados. Consegue uma remuneração aceitável, tem clientes fiéis, uma receita com que consegue passar o mês. E aí, ao poder comprar o celular, ao fazer o plano de televisão, começa a acreditar que aquilo é o teto máximo, o auge da vida.

Essa crença se estabelece porque você acha que aquilo está um pouco acima da linha de ganhos da sua galera. Aí você entra em uma bolha.

Com seu primeiro diploma, você entra na bolha das pessoas que têm diploma. Você não luta para ter uma especialização, uma pós. Você acredita que está formado, pronto, e não precisa mais aprender.

Vou te dar um exemplo de outra área da vida. Quando você se casa.

O seu sonho era se casar. Aí você se casa e dá graças a Deus – "Agora sim eu vou viver."

Mas casar é o primeiro passo de uma vida a dois. Daí em diante é lutar para ter uma vida melhor, mas em vez disso você relaxa.

Começa a descuidar do corpo, da alimentação, da aparência e nem consegue avançar.

Para você, casar foi o suficiente. Esqueceu que o passo seguinte depois de se casar seria cuidar de si mesmo para que, estando bem, pudesse cuidar de sua esposa ou marido e de sua família. E então, os dois estando bem, cuidar um do outro, das finanças.

Nem todo mundo percebe isso.

Se você compra um carro e fica dez anos com ele, depois, quando pensa em trocar, aquele carro não tem mais condições de ser vendido. Já está tão surrado que nem é mais moeda de troca.

Todas essas situações te lembram que o lugar em que você se encontra é ótimo, mas existe um lugar melhor.

Por melhor que esteja sua vida, dá para subir, dá para mudar.

Por mais capacitado que você esteja no que se refere ao conhecimento, provavelmente existem milhões de coisas que você não sabe e nem tentou.

Por melhor que seja o carro em que você anda, sempre haverá um melhor. O que estou querendo dizer é que o próximo nível sempre é o melhor de todos. E que aquela teoria de que "alcancei o meu topo" é perigosa.

O primeiro nível é ter uma meta. O segundo nível é bater a meta e o terceiro nível é estipular outra meta a partir do momento em que você atingiu aquela meta.

BATA A META MAS NÃO SE ACOMODE

Digamos que você abriu uma barbearia e a sua meta é fazer mil reais por semana. Você consegue essa meta na terceira semana, se dá por satisfeito e não sobe a meta. Pra você, se estiver batendo a meta de mil reais na vigésima semana, estará conseguindo bater a meta inicial e ok. No entanto, se aquela era uma meta que a princípio deveria ser alcançada, depois ela se torna obsoleta. Uma meta inalterável de mil reais por semana te mantém em uma bolha.

Não está na hora de aumentar essa meta?

A meta que você consegue hoje não pode te servir mais. Essa você consegue. Você sabe que consegue. Você precisa ter algo acima disso. Tem que ir para o próximo nível.

Quando comecei, não entendia isso. Eu tinha noção de dificuldade e de passar fome. Primeiro, eu queria comer carne, e, quando consegui comprar carne por meio do meu trabalho, entendi que conseguiria comprar outras coisas.

As metas foram mudando. Eu já queria comprar minha roupa. Não queria mais ter aquela camiseta que minha irmã tinha deixado para mim.

Ir mudando as metas é ir para o próximo nível por não estar satisfeito no atual.

Eu sempre desenvolvi a gratidão e agradeci o que tinha. Mas também sempre quis um cenário melhor.

Dê o seu melhor no cenário que você tem até que haja um cenário melhor.

Prometa que dará o melhor que tem até que haja um cenário melhor. E esse cenário é o que chamo de próximo nível.

Quando chegar ao próximo nível, dê o melhor nesse cenário, que já é ótimo, mas saiba que existe algo muito melhor.

Quem hoje se contenta com o "ruim" se contenta com esse ruim porque não sabe da existência do "regular", do mais ou menos. Quem se contenta com o regular já não está no ruim, mas não deve parar ali, pois está se contentando com o regular por desconhecer a existência do "muito bom".

Então, essa pessoa precisa subir para o próximo nível.

Ao chegar lá, ao conhecer o muito bom, a pessoa vibra por estar escalando, mas deve seguir sem se acomodar, pois se contentar com o muito bom é dizer que não sabe da existência do "ótimo". E quem se contenta com o ótimo já avançou várias casas. Já não está no ruim, nem no regular, nem no muito bom. Mas essa pessoa não sabe da existência do "excelente".

Se você acha que o excelente é dar piruetas no ar, é porque não tem noção do que é o "extraordinário". As pessoas não têm ideia do que é o extraordinário.

Eu me contentava em vender água na praia porque não sabia que dava para avançar. Eu ia me contentando com o que tinha. Mas minha insistência em ver um cenário melhor me fez um dia descobrir que existia esse tal de extraordinário.

Se existia isso, eu queria descobrir o que era. Ia estipular que queria chegar ali e pagaria o preço para que isso acontecesse.

Para alcançar o extraordinário, você tem que pagar o preço. O nível de empenho muda. O empenho passa a ser maior. O nível de fé, de relacionamento, tudo muda.

Você precisa melhorar em todos os níveis. E a melhora deve ser contínua e consistente.

A pessoa que você era ontem tem que ser menor do que a pessoa que você é hoje. E a pessoa que você é hoje tem que ser menor do que a que você precisará ser amanhã.

Em qualquer coisa que você faça, tem que existir uma sede, uma gana, uma vontade avassaladora de alcançar aquilo que você não conhece, que é o próximo nível.

Isso é uma constante. É construir um degrau acima daquele em que nós estamos – o tempo todo.

Mas não se iluda com isso. Embora a nossa vontade seja andar para a frente, tome cuidado com a ideia de que foguete não tem ré. Ela pode te dar um ar de arrogância, e você pode começar a achar, a pensar que nunca será preciso refazer o seu percurso e se reinventar. Você se acha tão bom que só precisa andar para a frente.

O PRÓXIMO NÍVEL PODE ESTAR UM PASSO ATRÁS

Às vezes, o próximo nível é calçar a sandália da humildade, descer do salto e ter coragem de refazer todo o percurso novamente.

Pode ser que o seu relacionamento tenha dado errado e você tenha se desiludido de relacionamentos por achar que todo mundo é igual.

Às vezes, o próximo nível é se despir desse preconceito e voltar ao campo de batalha para encontrar alguém com quem passar o restante dos seus dias.

Às vezes, o seu negócio deu tão errado que você nem quer mais pensar em trabalhar. Neste caso, o seu próximo nível é recomeçar. E por aí vai...

Nem sempre o próximo nível é caminhar para a frente. Às vezes, é dar um passo para trás e rever o que está sendo feito.

Você está machucado, saiu do campo de batalha e pode ser que o próximo nível seja parar e se reencontrar consigo mesmo. Machucado, surrado, com cicatrizes, você faz uma pausa para entender quem é você, lembrar de seus sonhos.

Se machucou demais na caminhada e desceu do ringue? Zerou a possibilidade de continuar nas batalhas da vida? Pode ser que seu próximo nível seja voltar na regra 1 e fazer todo o percurso novamente para provar que tem vida aí.

Se o seu coração está batendo, ainda tem vida. Independentemente do número de cicatrizes. Se você está vivo, precisa retomar e tentar, lutar as suas lutas.

Nem sempre o próximo nível tem a ver com subir degraus. Pode ser apenas refazer o percurso que conhecemos. E se reinventar para refazer o percurso é doloroso, mas você já sabe o que tem que ser feito.

Não é tão fácil como escrever uma página de livro, mas é possível.

Tente fazer acontecer. No mínimo, tente ir para o seu próximo nível, seja ele qual for. Nem que seja olhar para trás e dizer, com os olhos rasos d'água: "Sei que não vai ser fácil, sei que o tempo corre contra mim, sei que as forças não são mais as mesmas de anos atrás; mas não tenho outra opção senão levantar, sacudir a poeira, dar a volta por cima, juntar os meus cacos e voltar refazendo todo esse longo caminho. Afinal, a vida me ensinou que desistir não resolve, reclamar não resolve, parar não resolve. Mas tentar novamente pode ser que resolva. Então lá vou eu recomeçar. Lá vou eu tentar outra vez".

Se você quer chegar em algum lugar, tem que ficar a vida inteira na condição de aprendiz.

REGRA 10
SÓ CONSIDERE QUE SUA IDEIA ESTÁ VALIDADA DEPOIS DE TESTÁ-LA POR NO MÍNIMO DOIS ANOS

Enfim você chegou à regra 10, que vai te dar um certificado de que você está despontando com o mínimo de preparação e te colocar numa situação que pode te conduzir ao extraordinário.

Mesmo depois de passar por essas regras, alguns ainda não conseguem o certificado de "preparado" até esse nível.

Tudo isso por causa da regra que vou explicar a você agora.

A galera mal começa o negócio e já vai para o nível máximo da comemoração, ignora totalmente a noção de educação financeira e entra no descontrole emocional de antecipar sonhos; já começa a tirar todo o foco do negócio e passa a olhar mais para si próprio, focando os recursos que estão entrando em vez de olhar para o trabalho com máxima energia naquele momento. Isso detona tudo que essa pessoa fez para chegar até ali. Acaba jogando por terra todo o esforço feito até o momento.

Testar a ideia não é necessariamente testar o negócio em questão. Não necessariamente, se você é barbeiro, testar da porta para dentro da barbearia.

Não necessariamente, se você é manicure, testar da porta para dentro do seu salão de manicure.

Se você tem um estúdio de design de sobrancelha, não necessariamente o testar está da porta para dentro.

É importante testar em todos os aspectos do negócio.

Da porta para dentro é importante? É. Porque você precisa testar sua postura. Precisa testar no dia a dia se está crescendo. Se seus equipamentos precisam ser substituídos, o que está falando para seus clientes, se constituiu de fato uma cartela de clientes e se eles estão indicando seu negócio ou não.

Você precisa testar a expertise de tocar no dinheiro e não se sentir na obrigação de jogá-lo no ventilador.

O barbeiro, por exemplo, corta dez cabelos por trinta reais e no final do dia tem trezentos reais no bolso. Ele pode testar se não sente vontade de jogar esse dinheiro no ventilador assim que chega na sua mão. Em vez de investir na barbearia, pode acabar comprando coisas pra si mesmo.

Sabe aquele sujeito que compra um celular novo e não lembra que precisa trocar a cadeira da barbearia? Pois é. Em vez de investir num curso de qualificação, acaba comprando rodas novas para o carro. Ou investe em algo que não é relevante naquele momento para o negócio.

Essa pessoa não se prepara para lidar com o dinheiro na hora em que ele chega.

O pior que pode acontecer para qualquer ser humano é a oportunidade chegar antes do preparo.

Quando temos a oportunidade de tocar no dinheiro e não estamos preparados, é complexo. Isso precisa estar claro em nossa mente para que não aconteça o erro de metermos os pés pelas mãos. Infelizmente, isso é bem mais comum do que se pensa.

Você começa a assumir compromissos financeiros para meses, a parcelar coisas no cartão, e assume coisas que podem acabar com a sua capacidade de gerir recursos.

Eu sei que você tem vontade de ter o seu carro, mas nos dois primeiros anos talvez não seja ideal comprar um com o dinheiro do seu negócio.

De repente, não é legal fazer isso no começo, nem pagar a viagem dos sonhos, nem assumir responsabilidades financeiras a longo prazo.

Você precisa testar sua eficiência em pegar o dinheiro e retorná--lo para o negócio constantemente, se não não vai conseguir avançar.

O pior que pode acontecer
para qualquer ser humano
é a oportunidade chegar
antes do preparo.

Aqui, é muito importante usar a regra de três. Aqui, você tem que validar sua educação financeira. Aqui, se você conheceu a regra de três, é hora de aplicá-la.

Se você recebeu mil reais esta semana, coloque 333 reais no seu fundo de reserva. Você vai precisar de 333 reais para o seu salário e 334 para o caixa da empresa.

E a parte do seu salário não é pra apenas curtir. É também pra se preparar, pra comprar um livro, um curso, ir a um evento do seu ramo. Talvez não sobre nada para você, mas, em compensação, você estará validando o seu negócio.

A reserva deve estar lá, guardada. Você só vai tocar nesse dinheiro em último caso.

Você precisa exercitar o costume de olhar para a grana e não gastá-la. Não é que não possa gastar. O problema é que, se a sua mentalidade não mudar e se você não mudar o ciclo em que vive em dois anos, não interessa quanto dinheiro vai ganhar: nunca será o suficiente.

A pior coisa que pode acontecer é ser um fanfarrão ao lidar com o dinheiro. Isso acontece da porta pra fora e é o calcanhar de Aquiles da galera.

Passa dinheiro na mão, mas ele some. Ele passa rápido e acaba. Por isso, é necessário mudar de hábito para continuar com o dinheiro.

A venda está acontecendo, mas você precisa saber que ainda não é hora de comemorar e jogar o dinheiro no ventilador. Mesmo se der vontade.

Você precisa exercitar diariamente, semanalmente, quinzenalmente ou mensalmente a seguinte pergunta: "Cadê o dinheiro que estava aqui?".

Você precisa ver o negócio pulsar e andar com as próprias pernas para respirar sem a ajuda de aparelhos.

DEDIQUE-SE AO QUE É MAIS IMPORTANTE

O seu negócio é saudável? Está respirando por conta própria? Caminha com as próprias pernas? Dois anos é tempo suficiente para saber disso.

No Brasil, muitas empresas encerram suas atividades entre o segundo e o quinto ano, e isso muitas vezes tem a ver com a falta de tato para fazer aquilo acontecer. O cara não sabe administrar o negócio ou não tem noção de venda.

Por saber que não tem noção, ele não se envolve nas outras atividades. E não sabe trabalhar em equipe ou terceirizar o que é necessário.

Todos os que alcançam o extraordinário trabalham em equipe.

Se você sabe cortar bem um cabelo, se concentre nisso todos os dias da sua vida, mas contrate alguém que possa te ajudar na contabilidade do seu negócio. Contrate alguém para administrar o seu negócio.

Fazer *com* é melhor do que fazer *para*.

Enquanto escrevo este livro, tem alguém cuidando das minhas palestras, tem alguém cuidando dos meus livros, tem alguém cuidando dos meus imóveis, tem alguém cuidando da minha lavoura, dos meus negócios, e, assim como eu, as pessoas também estão trabalhando em equipe.

Em dois anos, muitas pessoas não conseguem trabalhar em equipe. Porque a ampla maioria dos pequenos empreendedores só não quer ter um patrão.

Quando é dono do seu negócio, você trabalha mais do que quando trabalhava para alguém. E a galera não sabe disso. Não se informou para isso. Apenas ouviu sobre esse negócio de não ter patrão e foi.

Conheço muitos pequenos empreendedores que não validaram o negócio. Não prepararam a mentalidade, não mudaram o ciclo de convivência, não melhoraram a sua fé, não se afastaram de quem não queria crescer.

Se chegou na regra 10, você não vai ser reprovado. Se se apaixonou por todas as regras, vai conseguir se organizar e se blindar de muita coisa.

Essas dez regras te mostram que você é capaz. Por outro lado, se você deixa de lado a décima regra, não valida seu negócio. Por isso, essa é uma regra muito importante; mesmo que não consiga juntar esse aparato, ela não está validada.

Comemore sim seus avanços, vibre com cada um deles, se permita saber que está avançando. Até porque não estamos nesta vida só para trabalhar. Se fosse assim, nem teria graça ou não faria tanto sentido se esforçar tanto.

Porém, seja prudente, tenha muita cautela, conte até dez, respire fundo e evite extrapolar. Por nada viole a regra 10. Jamais se esqueça que o tempo é o senhor da razão; quanto maior for o processo de validação, mais consistente e extraordinária será sua festa, pois seus motivos estarão respaldados por muita prudência.

Se entendeu, se pegou essa visão, aí sim você está apto a receber o certificado de conclusão deste intensivo literário chamado *As 10 regras básicas para alcançar o extraordinário*.

Todos os que alcançam
o extraordinário
trabalham em equipe.

ESCOLHA O SEU DIFÍCIL!

Bom, já vimos as dez regras! E nenhuma delas é comprável! Todas elas estão disponíveis aí dentro, desde que você chegou a este mundo. Como se fossem aplicativos que você baixou, mas nunca teve a curiosidade de começar a usar para ver no que daria. Só que o tempo está passando, então chegou a hora de tomar de vez suas decisões mais complexas. Chegou a hora de escolher o seu difícil!

Provavelmente você nunca havia pensado por essa ótica. Mas, por incrível que pareça, a vida não consiste em encontrar facilidades, mas sim em escolher o nosso difícil. E se tem uma coisa certa nessa vida são as dificuldades. Principalmente quando a ficha cai e nós percebemos que o jogo é assim mesmo, que não vai ser fácil, que vai ser pesado, mas que, de alguma maneira, suas escolhas determinam sim os seus resultados. Então, bora lá! Vou te apresentar algumas opções do que chamo de Escolha O Seu Difícil. Aí você vai escolhendo!

Você nasceu no caos da miséria? É difícil demais! Escassez em todos os sentidos, comer o que dá e quando tem, morar nos piores lugares, não ter acesso à educação de qualidade, moradia de qualidade, alimentação de qualidade, saúde de qualidade. Ter que se sujeitar a situações muitas vezes humilhantes para, de alguma maneira, não surtar. Tudo isso é muito complexo...

Essa realidade aí eu conheço bem. Até porque foi daí que eu saí. E sair é outra dificuldade. Em quase tudo em que vamos concorrer, chegamos com uma certa desvantagem. Você não teve educação de qualidade, precisa conciliar estudo e trabalho, andar de ônibus lotado... e concorre no Enem com o cara que, além de estudar em escola particular, fez cursinho preparatório, não precisa trabalhar, não acorda às quatro da madrugada para pegar ônibus lutado etc.

É difícil concorrer com esse cara? Lógico que sim! Mas, se você não for lá e no mínimo tentar, jamais vai saber se consegue, e, se não for por ali, talvez nunca chegue à faculdade, e assim nunca vai chegar ao diploma, e sem o diploma talvez você não voe. Dá pra ir sem diploma? Sim! Eu sou prova disso! Mas seria uma grande falácia se eu te dissesse para não se diplomar, se eu desabonasse a importância da faculdade e todas as possibilidades que alguém diplomado tem.

Então, com base nisso, escolha o seu difícil: morrer na mediocridade, concorrer com o mundo mesmo estando em desvantagem ou tentar ir sem diploma.

É difícil ser solteiro, né? Às vezes pode parecer fácil ou até bom! Mas na verdade isso é uma grande armadilha. Ninguém veio à Terra para ficar sozinho; nós viemos para formar pares, casais.

Quando não há ninguém para te acordar de madrugada por ter notado que seu despertador não funcionou, quando não há ninguém te esperando para o almoço ou o jantar, e quando você tem aquela sensação de que pode fazer o que bem entender, que nome você dá a isso? Liberdade ou solidão? É bem provável que você ache que é liberdade, né?

Sei bem o que é isso. Mas pode apostar que muitas vezes, na ampla maioria dos casos, isso aí é muito mais solidão do que liberdade. No fundo no fundo, geral quer ter alguém. Mas ter alguém é difícil, né? Exemplo: você pensa que é difícil conquistar uma mulher jovem por ser cheia de saúde, de vigor, por ter um corpão, ser cheia de sonhos etc. Você acha difícil conquistá-la por ela ter opções de escolha, por ela estar empoderada etc.

Mas você só acha isso difícil por não saber o nível de dificuldade que vai encontrar ao tentar conquistar uma mulher mais vivida, que já está cansada de cair na lábia da "vida dos sonhos", cheia de cicatrizes, traumas, que cria os filhos sozinha, que descobriu que tem luz própria, que come do suor do próprio rosto, que não quer ser dependente de absolutamente ninguém, que aprendeu com as porradas da vida. Que, se por um lado já não tem o corpo da juventude, hoje tem um nível de maturidade e discernimento absurdo, já não sonha mais em encontrar um macho alfa, mas sim um companheiro, um amigo, alguém que tenha sensibilidade. Que até veja, sim, suas cicatrizes, suas estrias, sua celulite, mas que veja também que, por trás de todas aquelas nítidas e inevitáveis marcas do corpo, existe um mulherão, disposta a pegar na sua mão e passar o restante dos seus dias ao seu lado. Irmão! Você não tem noção de quão difícil é conquistar essa mulher madura.

Pois bem, escolha o seu difícil: ficar sozinho, conquistar uma jovem ou uma mulher madura?

Estar desempregado é difícil, né? Contas chegando, tempo voando, idade avançando, parentes falando na sua cabeça coisas do tipo "até quando", ou "não é possível que você não vai tomar jeito", ou "você é a decepção da família".

Você sai para tentar uma vaga que viu nos classificados, não tem dinheiro nem pra ir lá conferir, mas consegue com alguém a grana da passagem, faz um currículo e vai, cheio de esperança, orando a Deus que dê tudo certo. E quando chega lá, descobre que eles exigem experiência. E aí, é aquele balde de água fria, você desaba e diz à entrevistadora: "Mas como eu vou ter experiência se ninguém me dá a primeira oportunidade?". É pesado isso!

É desmotivador. Você volta pra casa frustrado e com vontade de que o mundo acabe naquele mesmo dia.

E você tentou novamente e novamente e novamente até que conseguiu seu tão sonhado primeiro emprego. Só que, quando isso aconteceu, você descobriu que ter um emprego também é muito difícil.

Você mora longe demais do local, tem que levantar de madrugada, não pode se dar ao luxo de perder o primeiro ônibus que sai do bairro, pois o outro só sai depois de uma hora. Você chega no serviço já cansado, exausto, bate o cartão e já recebe a cartilha da meta a ser batida naquele dia; até porque o patrão não quer saber se você acordou tarde ou cedo, se perdeu ou não o ônibus, se já chegou com vontade de ir embora. Ele quer saber é da meta e vai te cobrar resultado. Principalmente se você tiver um chefe em vez de um líder.

Chefes são carrascos; líderes são humanos. E você deu o azar de, logo no primeiro emprego, ter um chefe e não um líder. Aí tudo começa a te doer demais, e começa a passar pela sua cabeça a ideia de empreender, de trabalhar para si mesmo. Então, você mete o pé na porta, abre mão do emprego e vai. E muitas vezes vai achando que os problemas que vimos até agora estarão todos sanados. Que ninguém vai te dar ordem, que você não vai precisar acordar tão cedo, que vai abrir a hora que quiser, fechar a hora que quiser, que vai folgar quando quiser, que vai ganhar bem mais, que não vai ter cansaço mental, que não vai enfrentar ônibus lotado.

Você desenha um caminho só de acertos e realizações perfeitas. Na sua mente, literalmente vai dar tudo certo.

Mas, quando você começa de fato a empreender, descobre que também é muito difícil! Que, se como empregado de alguém você trabalhava oito horas, agora você trabalha doze, dezesseis horas; que, se no seu emprego você não gostava de receber ordens, agora você vai ter que aprender a dar ordens, e dar ordens é difícil pra caramba. Afinal, você teve chefe e não líder, mas agora você precisa ser líder e não chefe, e isso é dificílimo. Descobre que trabalhando para alguém você não ganhava muito, mas que de alguma maneira era certo que no quinto dia útil do mês viria um salário.

Agora, você não tem mais essa garantia; vai ter que ralar pra fazer acontecer, vai ter que vender, vai ter que se virar para deslanchar seu produto ou serviço. Descobre que, se como funcionário de alguém você odiava trabalhar com outras pessoas, agora você vai ter que aprender a fazer as coisas em equipe, descobrir que sem equipe fica impossível. Descobre que, se antes você não

Chegou a hora de escolher o seu difícil!

gostava de falar com ninguém, agora terá que aprender a se relacionar, descobre que o relacionamento é um pilar literalmente indispensável no mundo dos negócios. Descobre que, se trabalhando para alguém você ganhava pouco e achava isso horrível, agora você tem, sim, a possibilidade de ganhar mais.

Por outro lado, aqui a venda não é certa. Hoje, você vendeu bastante, mas pode ser que passe dois, três dias sem vender nada. E aí a ficha cai: você precisa aprender sobre educação financeira, saber quanto ganha, saber gastar menos do que ganha e se possível fazer sobrar algo daquilo que ganha.

Tudo isso te mostra que a situação é bem mais tensa do que você pensou quando saiu do emprego para trabalhar para si mesmo.

E aí, mais uma vez, você terá que escolher o seu difícil: ficar desempregado, trabalhar para alguém ou abrir o seu próprio negócio.

Para encerrar, se neste instante, enquanto lê este livro, você está, por exemplo, desempregado, ou procurando de alguma maneira um recurso financeiro para começar ou melhorar algo no seu pequeno negócio, e se você tem aí do seu lado um smartphone, mais uma vez vai ter a oportunidade de escolher o seu difícil.

Afinal, o que é mais difícil pra você: ficar sem um celular que vale dois, três, quatro mil, às vezes bem mais que isso ou continuar sem começar algo e/ou continuar a investir em seu negócio?

Posso te afirmar que não é o melhor cenário ter que vender um celular, ou cortar gastos como um cafezinho, por exemplo.

O cenário ideal seria, sim, ter ganhos financeiros melhores para que assim você pudesse não apenas manter seu padrão como também ampliar suas possibilidades. Mas às vezes precisamos ser mais realistas do que otimistas e ver que em alguns casos isso é sim necessário.

Não dá para tapar o sol com a peneira: a realidade da nossa gente é altamente complexa, e temos que nos ater sempre a esses detalhes.

Eu mesmo, esse cara que hoje o mundo inteiro conhece, tive que cortar várias vezes na carne. Na realidade em que muitas vezes me encontrei, era fazer isso ou perder de vez, por não estar disposto a colecionar esse tipo de cicatriz.

Hoje, graças a muito trabalho, foco, dedicação, empenho, fé, seriedade e educação financeira, tenho, sim, minha vida transformada. Mas, se preciso for, se a vida resolver me testar, se a casa cair, se alguma grande adversidade acontecer, eu não venderia apenas o celular: venderia meus carros, imóveis, objetos ou qualquer outra coisa material que tenho, e assim, com esses recursos, me reorganizaria e remaria tudo novamente, com a mesma dignidade, humildade, vontade e fé.

É por isso que, assim como convido você a escolher o seu difícil, mantenho em mim muito acesa essa chama. Se necessário, vou estar pronto para escolher também o meu difícil.

Para mim, seria óbvia a escolha entre manter a pose e fingir que está tudo bem ou calçar a sandália da humildade, levantar, sacudir a poeira, dar a volta por cima, juntar meus cacos e retornar para o ringue.

Finalizo falando sobre isso para deixar a você, leitor, um convite a uma reflexão. A cada dia que passa, a cada ano que finda, as coisas vão ficando mais complexas e mais tensas. O grau de exigência em todas as áreas está cada vez mais apurado, mais robusto, mais criterioso. Ou seja, é escolher a dificuldade de encarar isso ou a dificuldade de ficar para trás por causa disso.

É escolher a dificuldade de nadar enfrentando águas turvas e agitadas em um mar revolto ou morrer na beira da praia por medo de enfrentar esse mar.

Viver para vencer não tem a ver com encontrar as facilidades que existem, mas com buscar entender os cenários complexos que nos são apresentados, e depois escolher quais são as dificuldades que estamos dispostos a enfrentar.

Crescer dói, meu parceiro e minha parceira. E essa é a vida real, sem rodeios, sem firulas, sem pegadinhas. Literalmente um papo reto, sem curvas, escrito por um cara que, em vez de procurar as facilidades, foi identificando e escolhendo as dificuldades que estaria disposto a enfrentar. Alguém que caiu para falar de queda, que sofreu para falar de sofrimento, que superou para falar de superação, que levantou para falar de levante, que dobrou os joelhos e serviu para falar de fé, que foi chamado até de lixo e ainda assim seguiu firme para falar de humilhação, que chorou para falar de lágrimas, e que alcançou o extraordinário para falar que é possível chegar lá.

Eu só consegui porque levei muito a sério a ideia de escolher o meu difícil, e é essa a mensagem final deste livro.

Agora é contigo! Tome sua decisão. Afinal, tudo é questão de escolher o seu difícil. Escolher a dificuldade de passar o restante da vida imaginando como poderia ter sido ou a dificuldade de enfrentar o que vier e construir sua própria realidade assim como eu fiz. ESCOLHA O SEU DIFÍCIL.

Sou mais você nessa selva!

Viver para vencer não tem
a ver com encontrar as
facilidades que existem,
mas com buscar entender
os cenários complexos que
nos são apresentados.

AGRADECIMENTOS

Ao bondoso Deus, por me cobrir de bênçãos e por me dar forças para seguir firme sem jamais me esquecer de que a honra e a glória sempre deverão ser dadas única e exclusivamente a Ele.

A toda a minha família, por sempre estar ao meu lado, quebrando uma triste máxima que diz que os de perto não apoiam. Vocês são um grande exemplo de que ter uns aos outros é estar anos-luz à frente. Obrigado por tudo.

À Wiser e a todos do time da Buzz Editora, por acreditarem em meu trabalho e, juntos, nos unirmos para levar um pouco mais de conhecimento a essa gente por meio de meus livros e minhas palestras.

A todos os leitores que buscam em minhas obras uma fagulha de esperança em meio a tanto caos. Sem vocês, de nada adiantaria publicar esses livros.

Por fim, agradeço a todos os que de alguma maneira torcem pelo meu trabalho, que ficam felizes por minhas conquistas e que encontram nelas suas inspirações para seguir em frente, acreditando que também conseguirão alcançar as suas.

Espero que, assim como hoje sou eu o autor, amanhã eu também possa ir a uma livraria para comprar o livro de vocês e ali me deliciar com suas vitórias.

Obrigado a todos por absolutamente tudo.

FONTES Silva, Anisette
PAPEL Alta Alvura 90 g/m²
IMPRESSÃO Geográfica